일 잘하는 사람 일 못하는 사람 2

-경영자편

仕事ができる人できない人

일 잘하는 사람
일 못하는 사람 2
- 경영자편

by 호리바 마사오
은미경 옮김

저자의 말

경영자가 되어 행복하다

새로운 회사를 설립하려는 사람이 늘어나고 있다. 하이테크 벤처기업, IT 거품이 상징하듯이 전후(戰後) 몇 번째인가 불기 시작한 벤처붐을 알리는 신문기사, 텔레비전 보도 등도 많아졌다.

고맙게도 벤처의 원조라 부르는 호리바제작소 창업자로서, 나를 인터뷰하러 오는 사람도 늘어나고 있다.

그런데, 혹시 지금 이 자리에,

"벤처기업을 시작하려고 하는데요."

하면서 누군가가 찾아온다면,

"실패하면 죽을 결심입니다."

하는 사람을 빼고는

"나쁜 말은 안 할 테니까, 그만두라구."

라고 말할 것이다.

회사를 경영하기 시작한 지 몇 개월도 지나지 않아 당신은 뼈 아플 정도로 무거운 책임을 느끼게 될 것이다. 종업원과 가족을 지켜나가야 하니까!

경기가 좋을 때는 비위를 맞추며 추켜올려주던 사람들이 역풍이 불기 시작하면 썰물 빠지듯이 한순간에 전부 떠나버려 공허함을 느끼게 된다.

그중엔 경기의 여파나 정부정책 실패처럼 자신의 잘못이라고 볼 수 없는 이유로 위기에 직면하기도 한다.

그렇게 되고 나서 그만두려고 해도 이미 늦는다.

나도 1945년 카라스마고조(烏丸伍條, 도쿄에 있는 지역)에서 50미터 정도 떨어진 북쪽 민가에 〈호리바무선연구소〉 간판을 단 이래 지금까지, 위기를 얼마나 많이 겪었는지 헤아릴 수 없을 정도다.

매일 고민과 후회가 이어졌고, 늘 무능력한 나 자신을 저주했다. 100점 만점짜리 경영자와는 너무나 거리가 멀었고, 실패는 셀 수 없을 정도였다.

그렇지만 반세기 동안 호리바제작소를 위해 많은 사원이 자신의 귀중한 시간과 생활을 바쳤다는 사실, 수많은 고객과 주주가 우리의 기술에 기대를 걸어주었던 점, 그런 고객과 사원과 주주를 위해 밤낮없이 열심히 일하고, 그들의 기대에 부응해 여기까지 올 수 있었던 것 등이, 나에게 말로 다할 수 없는 커다란 만족감을 주었다.

그것은 또한 나에게 분에 넘칠 정도의 책임을 부여해주었고, 자아를 실현할 무대가 되어주었다. 그런 의미에서 호리바제작소에 아무리 감사해도 지나치지 않을 것이다.

이 책에는 내가 50여 년 동안 경영의 현장에서 맨몸으로 배운 것과 지금도 여전히 고민하고 있는 이야기가 담겨 있다.

어떻게 하면 최악의 경영자가 되지 않을 수 있을까?

경영을 시작하기 전에 최소한 스스로 각오해야만 하는 것은 무엇일까?

종업원이나 주주를 위해서, 경영자가 할 수 있는 건 무엇인가?

그리고 사장자리를 다음 세대에 넘겨주기 위해서 생각해두지 않으면 안 되는 것은 무엇인가?

나는 모든 것에 합격점을 받을 만한 행동으로 일관해왔다는 자신은 없고, 지금도 후회만 많을 뿐이다.

그러나 내가 경영을 하면서 몸으로 배운 경영자론이 독자에게 참고가 되어 도움이 되기도 하고, 내 실패가 여러분에게 오히려 좋은 교훈이 되었으면 한다.

호리바 마사오(堀場雅夫)

Contents

Chapter 1 이런 경영자는 필요없다!

창업 전에 생각할 것

성장기에 있는 회사에서 발생하는 걸림돌

상장해도 위험은 끊이지 않는다

회사를 물려주는 바로 그때

Chapter 2 이런 경영 어떻게 생각해?

경영 일선에서 부딪히는 문제들

Chapter 3 정리를 대신하며

Chapter 1
이런 경영자는 필요없다!

앞이 보이지 않는 경영자.
이상이 없는 경영자.
돈 버는 일 외에는 머리가 돌아가지 않는 경영자.
사원이나 주주를 기쁘게 해주지 못하는 경영자.
부탁이니까, 이런 경영자만은 되지 말았으면 좋겠다.

:무엇을 하고 싶은지 모르는 경영자
회사는 돈 버는 도구가 아니라, 자아실현의 장이다

나도 가끔은 경영자들의 모임에 초대되어 의견을 나누기도 하고, 경영자로서 혼자 일어서려는 사람들과 만나기도 한다.

참가자들은 제각각 회사를 만들어가는 꿈을 이야기하고, 나도 내 경험을 바탕으로 나름대로 조언을 해준다.

그런데 가끔 아연실색할 때가 있다.

"회사를 만들어 뭘 할 생각이죠?"

하고 물으면, 명확히 대답 못하는 사람이 의외로 많기 때문이다. 대개, "제 목표는 경영자가 되는 것입니다. 비즈니스 모델은 이제부터 연구해서 제일 좋은 걸 고를 생각입니다."라고 말하기 때문이다.

이런 사람은 완전히 주객이 전도되어, '앞뒤가 거꾸로 뒤바뀐 생각을 가지고 있구나'라고 밖에 생각할 수가 없다.

자신은 감독이 되고 싶은데 축구를 하고 싶은지, 야구를 하고 싶은지 모른다는 것과 같다. 감독 일이라는 게 괴롭다. 이런 경우에는 결국 "그만둬야지, 그만둬야지." 하고 쓸데없는 말을 입버릇처럼 하게 되어버린다.

　나는 원래 기술자여서 물건 만드는 일이 하루 세 끼 밥 먹는 일보다 훨씬 좋았다. 그러다 보니, 새롭게 생각해낸 물건을 세상에 내놓고 싶어서 안달이 났다.

　그러기 위해서는 물건을 만드는 공장이 필요하다. 그것을 위해 땅을 빌리고, 건물을 지으려면 당장 돈이 필요하다. 게다가 새로 만든 물건을 세상에 내놓아줄 영업이나 물류를 담당해줄 사람도 필요하다. 또 돈이 필요하다.

　거기서 "호리바, 흥미로운데!"라고 말해주는 사람들 - 스모로 말하면 다니마치(스모를 후원하는 사람들. 옛날 오사카의 다니마치에 살던 의사가 선수들을 무료로 진료한 데서 유래 : 역자주) - 이 주식을 사주었고 그것이 큰 자금이 되었다.

　그런 일들을 되풀이하여 만들어진 것이 오늘날의 호리바제작소다.

　'물건을 만들고 싶어. 어떻게 해서든 하고 싶어. 좋은 물건을 잔뜩 만들어서 사람들과 세상으로부터 평가받고 싶어.'

　그런 생각을 실현해줄 조직이 필요했기 때문에 나는 회사를 만든 것이다. 하고 싶은 것이 있어서 회사를 만든 것이지, 결코 그 반대는 아니다.

　목적을 확실히 갖지 않으면 회사는 결국 단순한 돈 버는 수단이 되고 만다.

　'목적이 없는 돈벌이'는 돈 버는 거라면 뭐든지 한다는 식으로 흘러가 버리기 쉽다. 돈 벌만한 걸 발견하면 앞뒤 가리지 않고 달려드는 사이, 나중엔 도대체 뭐하는 회사인지 알 수 없게 되어버리는 경우가 종종 있다. 처음엔 물건을 만들더니, 수입도 하고, 소매업도 하고, 요식업에도 손을 대고, 택배업에도 손을 뻗어 결국 금융업까지 하는 것처럼 말이다.

그런 회사라면 몇 개를 만들어도 진정한 의미에서의 자아실현을 이룰 수 없다. 기업경영에는 몸도 쓰고 머리도 써야 한다. 그래서 때로는 누군가가 내 목에 칼날을 들이댄 것 같은 긴박감과 싸워내지 않으면 안 된다. 그렇게 죽느냐 사느냐 이를 악물고 경영한 후에 남은 것이 돈뿐이라면 너무 시시하지 않은가?

:자기 얼굴을 갖지 못하는 경영자
사장의 이미지가 회사 신뢰를 지킨다. 단, 신이 되어서는 안 된다

"사장은 아무 말 없이 경영을 하면 돼."라고 말하는 사람이 있다. 그렇지만 이건 잘못됐다고 생각한다.

회사는 사장의 이미지로 장사하는 부분을 가벼이 여겨서는 안 된다.

'저 회사는 이런 회사야. 저 사장은 이런 발상으로 한다'는 것을 거래처나 최종 소비자들도 점차 알게 된다. 지금은 이런 정도의 잘못을 할지 모르지만, 그 이상의 커다란 실패는 절대로 하지 않는다고 믿어주는 것이다. 이것이 회사에 대한 신뢰감이다.

회사는 인격을 가진 존재다. 만약 이것이 단순한 기호가 되어버린다면 '신뢰한다'든지, '참는다'든지, '기다려준다'든지, '억지를 들어준다'는 것은 없어진다. 그렇게 되어버린다면 회사의 존재가치 자체가 없어지는 것과 마찬가지일 것이다.

그렇다고 해서 '기업＝경영자의 이미지'가 너무 강하면 후임 경영자가 곤란한 일을 많이 겪게 된다.

마쓰시타 전기 같은 데는 코노스케 씨의 이미지가 너무 강해서 다음 사장의 이미지가 좀처럼 드러나지 않는다. 그것은 결국 창업자의 경영 철학이 너무 강한 나머지 후계자가 자기 나름의 철학을 내보일 수 없게 되어버린 꼴이다.

결국 '코노스케 씨라면 어떻게 했을까?'라는 생각을 지닌 경영자밖에 나오지 않게 된다. 그렇게 되면 회사의 신뢰도도 점점 떨어지고 만다.

이와는 달리 소니와 같은 경우는 경영 철학이 잘 계승되고 있다고 생각한다. 모리타(盛田昭夫)씨는 확실하게 이미지가 드러나는 경영을 했다. 그 후계자도 모리타 씨의 철학을 계승하면서 그의 그늘에 숨지 않았다. 역대 경영자에게는 모두 이미지가 있다. 이런 형태로 '회사의 이미지'가 일관적이면서도 조금씩 변해가는 것이 소니의 강점이라고 생각한다.

결국 창업자가 교조라든지, 신이라든지 하는 식으로 저 하늘 위의 존재가 되어버리는 건 안 된다고 생각한다.

'호리바제작소의 호리바는 마치 대단한 사람처럼 책까지 내지만, 글쎄 경영자로서는 영 서툴러. 그렇지만 재미있는 남자이니까 참고 봐줄 만해'정도가 딱 좋다. 이런 식으로 거래처나 은행 등에서 생각해주면 장사도 하기가 쉽고, 후계자도 자신의 색깔을 내기가 훨씬 편해져 잘 해나갈 수 있다.

:자기 철학을 갖지 못하는 경영자
자신을 표현할 말을 찾아서, 뭘 위해 살고 있는지를 생각한다

'이미지'이야기와 비슷한 것인데, 경영자는 철학이나 가치관을 갖고 있어야 한다. 좀더 간단하게 말하면 자기 의견이나 주장을 해야 한다. 지금까지 일본에서는 그런 건 갖지 않는 쪽이 더 좋았다. 오히려 자신의 의견을 갖고 있다고 하면 '건방지다'며 거북해했다.

"너, 건방져. 뭐하는 놈이야!"

하고 몇 번 두들겨맞아 결국 포기하고 침묵을 지키든가, 그렇지 않으면 화내고 당장 회사를 나가버리든가 하는 쪽이었다.

이제부터는 화내고 나가버리는 사람 쪽을 소중하게 여기지 않으면 안 된다. 또 그런 사람이 회사를 경영해야 한다.

예를 들어 와인 한 병을 다 마시고도 천 엔짜리인지 십만 엔짜리인지 차이를 모르는 사람에게 수백 명이나 되는 종업원의 삶을 맡길 수는 없다. 옆 사람이 '이쪽이 맛있어'하는 의견을 듣고 "나도 그렇게 생각해요."라고 말하는 경영자가 리더십을 발휘할 수가 없다.

"누가 뭐라고 하든지 나는 이쪽이 맛있어!"

하며 천 엔짜리를 고르면 그것으로 되는 것이다. 그게 그 사람의 철학이니까.

도대체 뭘 위해 사는가, 지금까지 뭘 해왔는가, 이제부터 뭘 해나가야 하는가 등을 의식적으로 생각해보지 않으면 안 된다. 생일이나 설날 등 특별한 날, 아니면 한 달에 한 번, 일 년에 한 번 생각하는 것, 그것만으로도 충분하다.

나는 그 생각을 매일 한다. 내가 이제부터 해야 할 역할은 뭘까 생각해본다. 세상사부터 시작하여 주변의 사소한 것들까지 무엇을 어떻게 하면 될까 생각한다.

물론 그것을 위해서는 판단재료가 필요하기 때문에 책을 읽는다. 재미있어 보이는 책은 손에 닿는 대로 사는데, 일 년에 150권에서 200권 정도 된다. 물론 다 읽는 것은 아니지만, 책을 통해 판단력을 키운다. 그래서 '나는 이쪽 와인이 맛있어'라고 정확하게 말할 수 있는 것이다.

:감언이설에 속는 경영자
계약서 한 장과 목숨을 바꾸는 경우도 있다는 걸 알아라

경영은 결국 돈과의 싸움이다. 필요한 돈을 어떻게 모아올까. 새로운 물건을 세상에 내놓기 위해서는 기술자를 고용할 인건비가 필요하고, 설계하거나 실험하려면 기자재가 필요하다. 공장 라인도 필요하다.

이런 것들은 전부 돈이 없으면 할 수 없는 것이다.

멋들어진 제품이나 비즈니스 모델을 갖고 있어도 돈이 없기 때문에 실현하지 못하고, 다른 회사에 선수를 빼앗길 때도 있다.

경영자라면 누구나 '아, 돈만 있다면'하고 간절히 바랄 것이다.

그렇다고 돈을 위해서라면 뭘 해도 좋다든지, 잇속만 차리는 것에 선뜻 응해도 좋다는 것은 아니다.

아는 사람 중 대학교수이면서 작은 회사를 차렸던 사람 이야기다. 아주 우수한 기술을 개발했다. 이것을 세상에 내놓으면 그럭저럭 쏠쏠한 매출이 기대됐다. 그렇지만 돈이 없었다. 그가 가진 기술을 기반으로 제품을 생산하기 위해 필요한 개발투자나 설비투자에 쓸 돈이 없었던 것이다.

그러고 있을 무렵 한 벤처캐피털에서 접근해왔다.

"당신 기술은 정말 대단합니다. 뒷받침해드리겠습니다. 자, 돈은 충분히 쓰십시오. 선생은 생각대로 기술개발만 해주시면 됩니다."

그렇게 말하면서 다가왔다. 그는 자신이 개발한 기술이 상품이 된다는 사실에 너무 기뻐서 덜컥 계약을 맺었다.

그런데 나중에 계약서를 보니 계약 내용이 말도 안 되는 것이었다.

완전증자 형식이므로 그가 가지고 있던 주식은 회사 전체 주식의 일부가 되고, 벤처캐피털이 최대 주주가 되어있었다. 결국 사장은 외부에서 영입되고, 모든 경영권을 빼앗기고 말았다. 계약서 내용은 단지 '이사의 직책에 연구소장으로서 회사를 위해 애써주세요'하는 것이었으니까.

그는 나중에야 되돌릴 수 없는 짓을 하고 말았다는 걸 뼈아프게 깨달았지만, 이미 늦어버렸다. 회사 도장을 찍고 말았으니까.

이런 일은 그에게만 국한된 것이 아니다. 능력 있는 사람일수록 생각지도 못한 함정을 조심하지 않으면 안 된다. '개발만 하면 돼'라고 생각하기 때문에 계약 내용을 신중히 검토하지도 않은 채 타협하고, 그러다 결국 회사를 빼앗기는 상황까지 이른다.

그러므로 경영자에게는 참을성 또한 반드시 필요한 것 중 하나다.

:안이한 계획을 세우는 경영자
뒷받침 없는 계획은 계획이 아니다

거품경제 시대에 많이 있었던 경영자 타입에 대해 이야기해보자.

제품이 잘 팔려서 실적은 호조, 전년도와 비교해서 20%나 성장하여 매출액이 무려 60억 엔이 됐다. 그러면 사장은 이런 말을 한다.

"우리 회사도 여기까지 왔으니까, 내년에는 매출액 100억 엔을 목표로 회사를 운영하려고 한다."

회사에 현수막을 붙이고 '달성하자! 100억 엔'이라는 구호를 사원 모두가 외치도록 한다. 그렇지만 "어떻게 해서 100억 엔의 매상을 올리는가?"라고 물으면 구체적인 계획을 말하지 못한다.

'사원 모두가 노력해서'라든지, '기존사업 분야를 더욱더 확대하고 신규영역에 참여해서'같이 뜬구름 잡는 이야기를 한다.

그러다 보니 "이봐요, 그거 무리라고요!"라고 말해주고 싶어질 지경이다.

말할 필요도 없이 회사의 매출은 더하기다.

사원 A의 생산성 + 사원 B + 사원 C + 사원 D + (......) 또는 상품 A의 매상 + 상품 B + 상품 C + 상품 D + (......)의 합계가 100억 엔이면 연간 총매출액이 100억 엔이 되는 것이다.

이것은 사원 개개인이 얼마나 생산성을 올릴 수 있을까? 각각의 제품이 어느 정도 매상을 올릴 수 있을까? 또 신규제품이 어느 정도 팔릴 것인가? 엄밀히 계산해보아야, 목표 달성이 가능한지 불가능한지 알 수 있다.

말하자면 회사의 현황(맨파워와 기술 상황, 생산 상황)과 시장(경기 동향, 시장의 성숙도)에 관한 분석 데이터를 뽑아서 '100억 엔을 목표로 한다'고 하더라도 그것은 단순한 구호에 지나지 않는다. 절대로 그럴 듯한 목표라고 할 수 없다.

물론 경영자 스스로가 주판알을 튕길 필요도 있지만, 각 분야의 우수한 사원에게 확실한 경영계획을 만들게 하고 그것을 받아들이면 된다.

그런데 현실은 그런 경영계획에 의한 것이 아니라, 자신이 예상한 숫자가 나오지 않는 데 대해 미친 듯이 화내는 경영자가 의외로 많다.

그건 모래밭 위에 성 쌓기 같은 것이다.

:장 · 중 · 단기계획이 없는 경영자
10년 후 자신이 어디에 있을지 떠올리고 있는가?

경영자는 예언자가 아니다. 물론 초능력자도 아니다. 자신의 미래가 어떻게 될지 알 수 없다.

그래서 많은 경영자에게 "10년 후 당신은 어떻게 되어 있을 것 같은가요?"라고 물으면, "글쎄요…. 이번 달 결제도 어려운 판에 그런 꿈 같은 걸 생각하고 있을 여유가 없어요."같은 식으로 대답이 돌아온다.

그렇지만 나는 장기계획도 필요하다고 확신한다.

기업의 장기계획, 경영자 자신의 장기계획.

요컨대 10년 후 어떻게 되고 싶은가?

해외에 진출해 있거나, 업계 넘버원이 되어있거나, 지금은 없는 색다른 상품으로 최고의 시장점유율을 확보하거나, 10년 걸려서 달성하리라고 마음먹는 것을 정해두는 것이다.

그리고 장기계획의 틀 안에서 5년 내의 중기계획이 나오고, 1년간의 단기계획을 세우는 것이다. 이런 식으로 하다 보면 이상과 현실이 하나로 겹쳐지게 된다.

장기계획이 보이지 않으면, 단기계획도 세울 수 없다.

어떤 상품의 올해 매출이 예측보다 밑돌 것으로 예상될 때 어쩔 수 없다고 생각하고 말지, 무슨 일이 있어도 달성해야 하는 것인지 등의 판단기준은 그 상품의 5년 후 10년 후를 내다보는 기업의 전체 플랜 속에서 어느 위치를 차지하고 있는가 하는 것이다.

어떤 일이 중요한지, 아니면 그저 어쩔 수 없는지는 10년 후의

계획 안에서 비추어보아야 비로소 판단이 가능해지기 때문이다.

'건전하게 채산이 맞지 않는 부문'이라는 말이 있다. 장기계획이 확실하지 않은 회사에서는 채산부문 전부가 건전한 것이 되어버리는 꼴이다.

지금은 채산이 맞지 않아도 앞으로 시장도 성장하고, 10년 후에는 회사에서 하나의 기둥이 되어주는 것이라면 소중하게 키워가야 한다.

그렇지 않고 시장 성장은 기대할 수 없고, 좋게 보아도 엇비슷할 것 같은 분야라면 빨리 철수하는 게 낫다.

무엇보다 중요한 것은 단기, 중기, 장기계획이 전부 연결되어 있어야 한다. 자칫하면 이것이 제각각이 되어, 단기 목표 달성이 장기 목표로 연결되지 않는 경우가 적지 않다. 이것을 가장 조심해야 된다.

틀린 말인가?

:삶의 목적과 다른 사업을 하는 경영자
인생을 걸지 않으면 아르바이트 인생과 한가지

좀 건방진 말이지만, 기업경영은 인생을 걸고 목숨을 걸고 해야 한다. 거꾸로 말하면 그렇게 생각하지 않으면 할 수 없는 것이 기업경영이 아닐까?

경영은 본질적으로 힘든 것이다. 돈이 안 벌린다. 돈이 안 돈다.

앞이 안 보인다. 다음 결산을 뛰어넘을 자신이 없다. 그만두고 싶어진다. 도망가버리고 싶어진다. 그런 생각이 끊이지 않는다.

그런데도 계속해서 기업을 경영해나가는 것은 그것이 인생을 통해서 실현해나가는 라이프워크, 일생일대의 대사업이라고 생각하고 있기 때문일 것이다.

그런데 최근 벤처경영자를 보면 그렇게 생각하지 않는 사람이 많다. 디스코 관계업을 하는 줄 알았는데, 어느 새 인터넷 사업을 한다. 그런가 했더니 교육 사업에 뛰어들기도 하고, 개호(介護) 비즈니스(노인을 위한 건강 비즈니스업 : 역자주)에 참여하기도 한다. 완전히 옷을 바꿔 입는 것처럼 새로운 업종에 뛰어든다. 그런 경영자를 찾는 게 어렵지 않을 정도다.

"올해 유행은 e-비즈니스. 내년이 되면 더 이상 인터넷으로는 돈을 못 벌기 때문에 싹 철수해서 다른 비즈니스로….”

이런 식으로 능숙하게 여러 분야에 손대다 보면 돈은 벌 것이다. 움직임이 빠른 시대여서 그 파도를 타고 가는 것은 분명 잘하는 것이라고 생각한다. 그렇지만 그렇게 해서 거부가 되었다고 해도 나로서는 전혀 존경하고 싶은 마음이 생기지 않는다.

거품경제 시대의 토지 굴리기, 아파트 굴리기와 무엇이 다른가? 그것은 회사를 만들어서 잘 팔면 돈을 번다고 하는 회사 굴리기가 아닐까?

결국 경영이라는 걸 평생의 일로 해낼 의지가 없는 사람은 아르바이트 인생과 한가지이며, 짬을 내어 하는 용돈벌이밖에 생각되지 않는다. 이게 지나친 말일까?

내가 굳이 이런 말을 하는 것은 어렵게 경영자 자리에 오른 사람이 회사를 통해 자아실현을 하지 못하는 경우가 많다는 게 안타깝기 때문이다.

나는 회사를 만들면서 여러 사람에게서 도움을 받기도 하고, 단골 거래처나 최종 소비자들에게 기쁨을 주기도 하고, 동료라고 부를 만한 많은 사원과 그 가족들을 만나기도 하면서, 감격스러운 일을 많이 경험했다. 그것은 내가 호리바제작소를 경영하지 않았다면, 절대로 지금과 같은 생각을 가질 수 없었을 것이다. 호리바제작소의 터전이 되는 사업을 시작하고 나서 50년 이상을 그렇게 사업에 매달려왔기 때문에 오늘이 있는 것이다. 내게는 호리바제작소야말로 인생의 목적이었다. '회사를 만든 건 정말 잘한 일이다'라고 진심으로 말할 수 있다.

이제부터 회사를 만드는 사람들이 나와 같은 행복감을 흠뻑 맛보기를 진심으로 바란다.

■ CEO가 갖춰야 할 요건(건강)

삼성경제연구소가 제시한 CEO 건강 6계명.

1. 식사, 수면은 기본이다 - 업무나 시간에 쫓겨서 또는 눈앞의 성취를 위해서 생체리듬을 무시하는 생활을 계속해서는 안 된다. 세 끼 식사는 거르지 말고 제 시간에 적당량을 먹는 것이 좋다. 또 잠을 잘 때에만 잠자리에 눕고 정해진 시간에 자고 일어나는 것이 좋다.

2. 시간을 지배하라 - 바쁜 스케줄에 얽매이지 말고 일이나 약속을 거절할 줄도 알아야 한다. 건강을 지키기 위해서는 최상의 컨디션을 유지할 수 있는 자신만의 수면시간, 업무시간 등을 찾아 리듬을 깨지 않는 선에서 업무를 수행해야 한다.

3. 운동을 즐겨라 - 운동은 자신이 좋아하는 것으로 일 주일에 최소 3일 이상을 해야 효과가 있다. 운동 강도는 숨이 조금 차고 땀이 날 정도가 적당하다.

4. 정신적 여유를 가져라 - 잠깐만이라도 모든 걱정과 부담을 잊어보는 시간을 가져야 한다. 또 스트레스에 정면으로 맞서기보다는 한 발 물러서서 차분한 마음으로 관조하는 것도 하나의 방법이다. 스포츠 외에 명상, 단전호흡, 기 체조 등도 좋은 건강관리법이 될 수 있다.

5. 주치의를 두라 - 평소 주치의와 건강상태에 대해 상담을 하고, 이상이 있으면 먼저 주치의에게 1차 진료를 받는 것이 좋다. 또 사업장 내 의료시설, 주변 전문병원, 원격지 종합병원 등 체계적인 네트워크를 구축하고 비상시에 대비해야 한다.

6. 재활의지가 중요하다 - 이미 건강이 악화됐더라도 재활의지를 버리지 않는 것이 중요하다. CEO가 수십 년 간 쌓아온 경륜과 지식이 건강 악화로 인해 일시 중단되면 기업으로서는 큰 손실이기 때문에 기업에서도 CEO가 재활할 수 있도록 지원해야 한다.

내외경제 · 김필수 기자

성장기에 있는 회사에서 발생하는 걸림돌

:자기 회사에 객관적이지 못한 경영자
아무리 마음에 드는 상품도 팔리지 않는 데는 이유가 있다

나도 그렇지만, 새로운 제품을 세상에 내놓을 때는 미리부터 꿈속을 헤매고 다닌다. '이건 대단해!'하고 마음을 빼앗기기 때문에 경영자 스스로 진두지휘에 나서 밤낮없이 신제품에 정렬을 쏟아붓는다.

이렇다 보니 완성한 신제품은 '자신의 아이'와 같은 존재가 된다.

사랑스럽고 사랑스러워서 어쩔 줄을 모른다. 뺨을 부비고 싶을 정도로 애착이 가는 것이다.

그렇지만 그런 것에 무서운 함정이 있다.

'자신의 아이'같은 것이기 때문에 '부모의 욕심'이 나오는 것이다. 우리들이 밤낮없이 노력해서 만든 것이 안 팔리다니, 그런 일은 있을 수 없다고 생각한다.

그렇지만 그런 제품도 전혀 팔리지 않을 때가 있는 것이 세상일이다.

기대만큼 안 팔릴 때는 심지어 이렇게 말하고 싶어지곤 한다.

"말도 안 돼. 이렇게 좋은 물건을 만들었는데, 그걸 모르는 세상이 바보다."

그렇지만 사실은 세상이 정말 원하고 있는 것을 만들 줄 모르는 경영자, 설계자, 기술자가 바보인 셈이다.

그 제품을 개발한 기술자 열 명에게

"당신이 손님이라면 이 제품을 이 가격에 사겠어요?"

하고 물으면 열 명 모두

"사겠어요!"

라고 대답한다.

그렇지만 그것은 주관에 지나지 않는다. 객관적으로 물건을 볼 수 있을 때 비로소 팔릴 물건을 판별해낼 수 있다.

나는 파는 쪽, 상대는 사는 쪽이다.

이런 좋은 물건을 왜 안 사냐고 아무리 말해도, 필요 없는 것은 필요 없는 것, 비싼 것은 비싼 것, 그런 식이 되고 만다.

'어떻게 하면 물건을 살 상대 입장이 될 수 있을까' 생각해야 한다. 밤낮없이 노력한 '사랑스럽고 사랑스러운 아이'라고 말할 일이 아니다. 오히려 그 '아이'를 냉정하게 평가하는 시험관이 되어 판단해야 한다.

그러면 '사랑하는 내 아이'의 결점이 보인다.

기능적으로는 말할 것도 없이 훌륭해도 디자인이 나쁘다든지, 좀 크다든지, 무겁다든지, 실제로는 그다지 필요도 없는 기능이 많아서 가격이 비싸다든지 하는 것들이 발견된다.

일단 그런 과정을 거치고 나면 이제부터는 다시 한 번 엄격하게 '아이'를 키워나가면 된다. 결점을 완전히 없앨 수만 있다면, 이

번이야말로 정말 팔리는 물건이 만들어진다. 이제 기뻐하면 된다, 기다리던 좋은 결과에.

:협력회사가 싫어하는 경영자
가격을 깎으려면 그와 함께 지혜를 주어라

불경기가 계속되면 물건 만드는 것도 좀 쩨쩨해진다. 부품이나 재료 등 원자재 구입가격을 깎아서 제품 단가를 1엔이라도 낮출 수 있는 체제를 만들어야 한다. 그러지 않으면 경쟁에서 이기지 못하니까.

이제부터는 코스트다운 노력이 반드시 필요하다. 이것만은 의심할 여지가 없다.

그렇기는 하지만, 실제로 많은 경영자가 협력회사에게 단순히 싸게 해달라고 말하며 가격을 깎는다. 그 이상의 일은 하려고 하지 않는다.

만약 내가 이런 경우에 직면해서 이만한 가격에 원자재를 구입하지 않으면 세상에서 절대 살아남을 수 없다고 하자. 나라면 그럴 때는 협력회사 사람과 함께 어떤 식으로 하면 그 가격에 맞출 수 있을까 궁리할 것이다. 값이 조금 싼 재료를 쓰는 대신 형태에 대해 좀더 연구하여 기능 면에서 차이가 없게 한다든지, 공작기계의 로테이션을 생각해서 시간당 생산성을 올린다든지, 지금까지 매일 부품을 납입했던 것을 주 2회 정도로 몰아서 납입하여 포장비나 운송비를 줄인다든지, 찾아보면 방법은 많을 것이다. 이런 식으로 여러 가지 아이디어를 내어 협력회사의 손해를 최대한 줄이려고 애쓰는 것이다.

"왜 그런 귀찮은 일을 하시죠?"

하고 물어오는 경우도 있다.

그렇지만 원청회사는 협력회사가 있기 때문에 살아갈 수 있는 존재다. 그곳이 죽어버리면 그날부터 이쪽은 이러지도 저러지도 못하고 곤란해진다.

만약 아무런 노력 없이 가격만 깎으려 한다면, 간곡한 부탁에 한 번은 손해를 각오하고 깎아주겠지만 두 번째에는 거래를 중단할 수도 있다. 만약 협력회사가 어쩔 수 없이 응해야 할 입장이라면 결국은 품질저하나 납기지연 등으로 그 대가를 치를 수밖에 없다.

지금 일본에서 '강한 기업'의 대표라 부르는 토요타는 이런 걸 잘 알고 있는 대표적인 회사다. 합리화, 효율화, 저비용화를 위해 자주 협력회사 공장을 방문해 어드바이스를 해준다. 상대의 상황을 면밀히 조사하고는 좋은 아이디어를 계속 내놓는다. '당신 어디서 월급받아?'라고 물어보고 싶을 정도로 협력을 잘한다.

그런 식이라면 가격을 조금 빡빡하게 내려도 거래는 계속 이어진다.

이와는 대조적인 회사도 있다. 다른 업계지만, 우리가 옛날 거래했던 회사에 설계도를 만들어서 스펙을 낸 적이 있다. 손익이 겨우 맞을 만큼만 견적을 내어 "1000만 엔입니다."했다. 그랬더니 그 회사는 우리 설계도를 다른 라이벌 회사에 넘겨주고는 "이

거 800만 엔에 만들어."라고 한 것이다.

우리는 그걸 만들기 위해 예비 데이터를 뽑고 수차례 시행착오를 겪는 등 엄청난 노력을 기울였다. 그 설계도 하나를 만들기 위해 1년 이상을 보냈기 때문에, 그 부문에 전체 비용의 25% 정도가 들었다. 그걸 고스란히 라이벌 회사에 넘기면 당연히 800만 엔이면 될 것이다.

아직도 그런 짓을 하는 회사는 없을 거라고 생각하지만 옛날에는 있었다. 한때 업계 톱을 다투기도 했던 그 회사는 결국 파산한 거나 마찬가지 상태가 되어 팔리고 말았다.

원가를 낮추는 것도 중요하지만, 협력회사가 돈을 벌지 못한다면 그 관계는 계속 유지되기 어렵다. 모두 하나가 되어 잘 해나갈 방법을 생각해야 한다.

'호리바와 거래하면 불황 속에서도 어떻게든 살아남을 수 있어' 하고 생각해주는 협력자가 있는 것이 기업에게 얼마나 마음 든든한 일인지 경영자라면 반드시 새겨두어야 한다.

:걸맞지 않은 지위를 얻은 경영자
유능한 부사장이 갑자기 무능한 사장으로 변모하는 경우가 있다

'피터의 법칙'에 대해 알고 있는가?

이것은 자연과학자이자 사회과학자인 L.J.피터 박사의 이론으로 '유능한 인간도 계속 승진하면 결국에는 무능해진다'는 법칙이다.

신입사원으로 입사한 사람 중에 일을 잘하고 아이디어를 잘 생각해내는 사람이 있다. 그래서 동기 중에서 제일 먼저 과장이 된다.

과장이 되어서도 능력을 발휘해 젊은 나이에 부장이 된다. 그리고 계속 승진해 부사장 자리에까지 오른다. 그리고 드디어 촉망받는 사장이 된다.

그런데 그 순간부터 갑자기 주위로부터 무능하다는 소리를 듣게 된다. 한순간에 회사는 기울기 시작한다.

믿어지지 않겠지만, 이런 경우가 실제로 세계 여러 나라에 많이 있다.

슬프게도 인간에게는 한계가 있다. 벽이 있다. 노력하고 또 노력하면 웬만한 벽은 뛰어넘을 수 있지만, 아무리 몸부림쳐도 넘을 수 없는 부분이 누구에게나 있는 것이다.

지금까지의 지위에 있을 때는 정말 일을 잘했고, 회사를 위해서도 커다란 공헌을 했다. 그런데 한 단계 위로 승진했을 때, 그 지위를 잘 요리할 수 없게 되어버린다.

나 자신도 그런 이유로 셀 수 없을 정도의 많은 실패를 반복해왔다.

"이놈은 정말 일을 잘하는데, 승진시키면 무너지고 말아. 최악의 경우에는 회사를 그만두지 않으면 안 되게끔 된단 말야."

경영자에게는 그 사람의 능력이 어디까지가 한계인지 판단하는 능력이 있어야 한다. 부장급 능력이 있는 사람을 계장으로 발을 묶어두면 회사로서는 큰 손실이다. 그렇지만 거꾸로 과장 자리에서 최고의 능력을 발휘하는 사람을 끌어올려 부장으로 삼는다면 얼마 가지 않아 금방 무너지고 만다. 그래서 경영자는 '피터의 법칙'에 걸리기 바로 직전에 그 인재를 빛나게 해야 한다. 그것이 최고의 인사다.

사장이 되자마자 '피터의 법칙'에 걸린다면, 그 기업에게는 최악의 사태이다. 그래서 사장이 되어 종업원을 행복하게 해주고 주주에게 이익을 환원해줄 수 있는지, 객관적 입장에서 자신을 바라보는 게 중요하다. 오히려 사장이 되기 한 발 앞에서 정지할 수 있는 사람이 빛을 발하고, 회사를 크게 성장시킨다.

그런 예가 실제 세상에는 수없이 많다.

:회사의 한계를 판단 못하는 경영자
어디까지 성장할 수 있는 회사인가? 항상 생각하면서 경영하라

'피터의 법칙'은 사람뿐만이 아니라, 회사에도 적용할 수 있다.

기업을 창업하거나 벤처기업을 일으킨다고 해서 누구나 성공하는 것은 아니다. 미국의 마이크로소프트나 넷스케이프와 일본의 소프트뱅크같이 크게 성장할 수 있는 확률은 100만분의 1, 1억분의 1정도다.

어떤 업계이든 시장 규모라는 게 있다. 그리고 자신의 능력에도 한계가 있다. 그걸 생각하면 최대한 성장해도 이 정도라고 하는 성장의 한계가 자연히 보인다.

꽃가루가 날리는 곳에서 특효약을 개발해 벤처기업을 창업한다고 과연 성공할 수 있을까? 1억 명 전부가 알레르기성 체질이라

코를 훌쩍거리는 것도 아니고, 게다가 여름이나 겨울에는 하나도 안 팔린다. 그런 회사가 마이크로소프트같이 될 수는 없다.

그런데 회사가 호조를 보일 때에는 '이대로 20% 성장을 계속해가면….'하는 생각에 빠져서 그래프가 표의 상단을 뚫고 지나가는, 그런 사업계획을 세우는 것이다.

어디까지 성장할 수 있는 회사인가? 그걸 생각해서 규모에 맞는 회사 만들기를 목표로 삼아야 한다. 그게 경영자의 책임일 것이다.

그렇다고 해서 적극적으로 노력하지 않아도 좋다는 건 아니다.

해발 1500미터의 일본 알프스 산에 올라, 헉헉거리며 이게 한계라고 생각하던 사람이 다른 사람의 권유로 3000미터 산에 도전했더니 올랐다는 식의 예는 얼마든지 있다. 더 나아가 히말라야에 도전하는 것도 좋을 것이다. 북벽부터 올라가보아 안 되면 남벽으로 오른다든지 장비를 갖추어서 다시 도전하는 것이다.

경영에서 이 테마를 더욱 어렵게 만드는 것은 시장도 변화하고, 자신도 변화하고 있다는 사실이다. 절대 한계는 없지만, 현재의 한계를 자각하는 것이 무엇보다도 필요하다.

자신이 예상하는 한계에 도전하는 것이다. 그러다 벽에 부딪히면 그것이 절대 한계인지 계획이 잘못된 것인지를 철저히 조사해서, 결과에 따를지 다시 도전할지를 결정한다.

여기서 가장 경계해야 할 일은 '자신의 회사에는 한계가 없다'고 믿어버리고 독선적으로 경영하는 것이다.

:일의 우선 순위를 모르는 경영자
하루는 24시간뿐이다. 시간관리를 효율적으로 하라

최근에 들은, 한 외국기업 CEO의 이야기이다.

그는 매일 아침 출근하자마자 e-메일을 확인하는데, 하루에 몇 백 통이나 되는 e-메일이 도착해 있다. 그는 바쁜 사람이라 전부 읽어보고 답장을 쓸 시간이 있을 리 없다. 그래서 가장 최근에 도착한 30통 정도만 읽어보고 나머지는 전부 삭제한다고 한다.

왜 그렇게 하냐고 묻는 사람에게 그가 들려준 말은 이렇다.

"모든 e-메일에 대응하는 게 안 되는 이상 우선 순위를 매기지 않을 수 없습니다. 혹시 중요한 e-메일인데 답장이 없으면 두 번이고 세 번이고 반복해서 보낼 것이기 때문에 최근 e-메일에만 대응하면 큰 문제는 없을 것이라 생각합니다."

그래도 이것은 너무하다고 생각한다. 나로서는 도저히 그렇게 하고 싶지가 않다. 어쨌든 이 이야기는 세계적으로 유명한 경영 자들은 우선 순위라는 것을 소중하게 여긴다는 한 예가 아닐까 싶다.

자기 혼자의 용량은 하루에 10건의 과제를 해결할 수 있다고 하자. 그런데 지금 해결해야 할 안건이 30건이나 있다. 모두 오늘 중으로 결단을 내리지 않으면 곤란하다고 한다.

이때 가장 피해야 할 것은 오늘중으로 전부 할 수 있는지 없는 지는 모르겠지만, 일단 눈에 들어오는 것부터 생각해보자는 식의 태도다.

30건의 단골거래처나 사내 담당자가 당신의 결정을 기다리고 있기 때문에 자칫 잘못하면, 경우에 따라서는 전부 아웃된다. 하루에 10건밖에 처리하지 못한다면, 우선 10건을 처리하고 나머지 안건은 머리 숙여 "내일로 넘겨주세요, 모레로 연기해주세요." 하고 부탁하는 게 필요하다.

이 안건은 오늘중에 반드시 처리한다. 이 10건은 내일로 넘어가도 어쩔 수가 없어. 나머지 10건은 최악의 경우 처리되지 않아도 하는 수 없지 등과 같이 순위를 매겨야 한다. 이처럼 순위를 매겨두면 기업의 위기관리도 자연히 되는 것이다.

만약 화재가 나서 자신에게 가장 중요한 것을 갖고 나가야 할 때 베개를 안고 뛰쳐나간다면 꼴불견이지 않겠는가. 일에서 뭐가 가장 중요한지를 항상 생각해두어야 한다.

:사원 교육에 신경 쓰지 않는 경영자
외부 프로그램에 의지하는 것만으로 참된 업무능력을 키울 수 없다

요즘에 사원의 능력 향상 따위는 관심 없다는 경영자는 없을 것이다. 이런 추세에 발맞추어 영업기술 향상이나, 의식변혁같이 전문 기업이 제공해주는 교육 프로그램이 점차 늘어나고 있다.

그중에는 좋은 프로그램도 있다, 사실 그다지 도움이 안 되는 것도 있을 테지만.

그렇다고 해도 업무에 필요한 내용을 확실하게 주입시키는 교육은 현대 경영에서 필수적인 것이다. 외부 프로그램에 의지한다거나 회사 내에 전용 연수센터를 만들어서 집단연수를 한다거나 해서 말이다. 그렇지만 여기에는 분명 한계가 있다.

내 생각에 가장 좋은 교육방법은 역시 일을 주는 것이다. 그것도 그 사람의 능력보다 조금 넘치는 일을 맡기는 것이다.

100미터를 15초 정도에 달릴 수 있는 사원에게는 13초로 달리지 않으면 곤란한 일을 준다.

30킬로그램의 바벨을 들 수 있는 힘을 가진 사원에게는 40킬로그램의 일을 준다.

신입사원에게는 대리급의 일을 부여한다.

과장에게는 차장급의 일을 시킨다.

혹시 신입사원이 주임급의 일을 콧노래 부르면서 처리할 수 있다면 그 는 천재일 것이다. 10명 중에서 8, 9명은 주어진 일을 처리하기가 어렵다. 고민하고 괴로워할 것이다. 어떻게 하면 좋을까 생각하기도 하고, 시험해보기도 하고, 실패하기도 한다. 조금 더 좋은 방법은 없는지 궁리하게 된다. 그래서 겨우 해낼 수 있는 것이다.

이렇게 얻은 실력이야말로 진정한 의미에서 일에 도움이 되는 능력이 아닐까?

이런 경우 '조금 올려서'라는 게 좋은 약이 된다. 그러나 너무 올리면 처음부터 포기하고 만다.

그러니 잘 생각해야 한다. 실패할 확률이 높은 사원에게 일을 맡긴다면 회사 측에서도 리스크가 있는 법이다. 적지 않은 손실을 입을 수도 있다.

그렇지만 그걸 알고 맡긴다면, 그것이야말로 가장 커다란 교육

투자라 할 수 있다.

어느 정도의 능력은 있지만, 복합능력이 없는 사람을 회사 안에서 흔히 볼 수 있다. 혼자서 설계는 할 수 있어도 인재관리는 좀 서투르다는 식이다. 외부 프로그램이나 회사 연수센터에서 행해지는 교육은 현장에서 필요한 복합능력을 관념적으로 전달하기 때문에 실제로 몸에 익숙해지지 않는 경우도 많다.

온 더 잡 트레이닝(on the job training)을 제대로 지도하지 않으면 수박 겉핥기식으로 끝나고 만다.

맡은 일을 어떻게든 해낼 수 있는 사원에게 기회를 부여하는 사람이야말로 진정한 의미에서 교육에 힘쓰는 경영자가 아닐까?

:아첨을 좋아하는 경영자
하기 어려운 말을 해주는 사람이야말로 재산이라 생각하라

경영자 주위에서 듣기 좋은 말만 해대며 아첨하는 측근은 일종의 마약과 같다.

"오늘은 날씨가 좋아서 기분이 좋아."정도의 말을 해도 "역시 사장님이시네요. 세상일 돌아가는 걸 잘 알고 계십니다."라면서 듣기 좋은 말로 대꾸한다.

경영에 대해서 말해도, 정치나 경제에 관한 의견을 말해도, 무얼 말해도, "그거 대단하네요. 총리대신(내각의 최고 우두머리. 우리나라의 대통령에 해당 : 역자주)에게 들려주고 싶네요."하며 고개를 끄덕인다.

이야기 끝에 프로야구팀의 재건 방법에 대해 잠깐 내뱉은 말에 "정말 대단하십니다! ○○감독에게 가르쳐줘야겠어요."하고 추켜세우는 건 예사다.

그러다 보면 대기업도 아니고 벤처기업의 사장이 어느 사이엔가 총리대신이나 프로야구팀 감독보다 훌륭한 생각을 가진 사람이 되어버린다.

이런 칭찬을 듣는 것은 확실히 기분이 좋다.

경영자는 엄청난 스트레스 속에서 일하기 때문에 그런 칭찬의 말을 듣고 싶을 때가 있다.

회사 밖에 나가면 7명이 아니라 700명 정도의 적이 있다. 그렇지만 회사에 돌아오면 '이 녀석들만은 내 의견에 전면적으로 찬성해준다. 그래, 내일도 힘내는 거야!'하는 생각이 들어 기분이 좋아진다. 그렇지만 그래선 안 된다.

무슨 말을 해도 추켜세워지는 게 계속되다 보면 결국 올바른 판단을 하기 어려워진다. 술주정뱅이가 쏟아내는 수준의 말을 해도 '○○감독에게 들려주고 싶네요'하는 이야기를 자주 듣게 되면 정말 자기가 그렇게나 훌륭한가 하는 생각이 들고 만다.

이게 정말 무서운 것이다.

점차 건설적인 의견을 말하는 사원은 없어진다. 아첨쟁이가 사장에게 사랑받고, 하기 어려운 말을 하는 사람은 멀리하게 되니까.

경영자가 제멋대로 의견을 말하고 아첨쟁이의 칭찬에만 귀를 열어둔다면 그것은 바로 비극의 시작이다. 붕괴를 향해, 확실하게 한 발을 내딛고 있는 것이다.

경영 판단이라는 것은 언제나 아슬아슬한 리스크를 생각하고 최악의 경우도 염두해 두어야 한다. 그리고 어떻게 할지 늘 머릿속에 넣어두어야 한다. 혹시 '내 생각대로 했더니 뭐든지 잘 된다'는 식으로 생각한다면 회사가 잘못되었을 때 아무런 대응도 할 수 없게 된다.

:주주의 존재를 무시하는 경영자
돈을 내면 함께 꿈꾼다, 함께 한다. 벤처캐피털도 그런 존재이기를 바란다

벤처기업을 일으킨 사람에게 자금에서 구원의 손길을 뻗치는 것이 벤처캐피털이라는 존재다. 유망한 기술이나 비즈니스 모델을 가진 기업에게 자금을 출자해서 지원한다. 그리고 장래 회사가 성장하여 주식이 공개되면 캐피털 개인의 금융소득으로 슬그머니 이익을 얻는 것이다.

물론 그것 자체는 나쁜 게 아니다. 벤처캐피털의 자금 덕에 성공한 회사들도 많다.

그렇지만 내가 우울하게 생각하는 것은 많은 벤처캐피털이 투자하는 회사에 애정을 갖고 있지 않다는 점이다. 투자하는 사업 자체에 마음이 끌려서, 그걸 좀더 크게 키우고 싶다고 하는 애정 말이다.

이 회사에 투자하면 '돈을 번다'는 생각밖에 하지 않는다. 마치

경마나 경륜을 하는 것 같다.

벤처기업을 지원해서 육성하려는 벤처캐피털은 그 회사에 자금을 지원한다. 그후에 사업에 간섭도 하고, 그래서 함께 회사를 육성해나가는 그런 존재였으면 좋겠다.

경험이 풍부한 벤처캐피털리스트라면 분명히 경영자의 결점까지 보일 것이다. 그렇다면 그것을 지적해서 '이렇게 하면 좋겠다'고 어드바이스해주면 좋겠다.

그렇지 않으면 좋은 기술을 갖고 있기는 하지만 경영자로서 능력이 없는 사람은 벤처캐피털이 삼켜버릴 대상이 될 뿐이다.

그래서 나는 벤처캐피털에 관한 한 '돈은 내지만 참견은 하지 않는다'는 것은 좋지 않다고 생각한다. 또한 참견하지 않는다고 제멋대로 경영하는 것도 옳지 않다.

심한 경우 벤처캐피털의 돈으로 기업 상장을 시켜 주식이 공개되면, 자기 주식을 전부 팔아버리고 캐피털 개인의 금융소득으로 유유자적하게 생활한다는 꿈을 꾸는 경영자도 있다.

이렇게 경영자 자신이 무책임한 벤처캐피털과 똑같은 생각을 하면 어떻게 하는가?

진지하게 말하지만, 벤처기업을 지원해주는 곳이 지금과 같은 무책임한 벤처캐피털밖에 없다면, 차라리 마권처럼 기업권을 발행해서 도박하는 게 나을 것이다.

경마 팬 가운데도 말에 남다른 애정을 갖고 있는 사람이 많다. 그것처럼 '이 회사 기술에 반했다'고 하는 사람이 돈과 함께 이것저것 관여하고, 경영자가 자살행위나 다름없는 경영을 하면 '돈 갚아!'라고 말해줘야 한다.

그렇게 하는 편이 회사로서도 경영자로서도 훨씬 고마운 일이라고 생각한다.

:이익분배에 개념이 없는 경영자
신념을 위해서라면 세상 상식도 뒤집어엎을 수 있다

호리바제작소가 처음으로 오사카 증권거래소에 상장했을 때 이야기다. 그 당시 오사카 증권거래소는 '3년 간 배당률을 보장해야 한다'는 규칙이 있었다.

처음 듣는 사람은 이해하지 못하겠지만, 3년 간은 돈을 벌든 못 벌든 정해진 비율로 주주에게 배당해야 한다는 말이다.

이상한 이야기 아닌가?

배당은 '연말에 결산을 해서 이만큼 이익이 올랐으니 주주 여러분에게 그 이익의 일부를 나눠드립니다'하는 것이다. 그런데 수익에 상관없이 같은 비율로 배당하게 되면 무엇을 위한 주식인지 알 수 없게 된다.

실제로 적자를 내거나 겨우 흑자를 낸 기업에서 주주에게 배당하지 않으면 신문이나 증권거래소로부터 지적받을까봐 자산을 처분하거나 돈을 차입해서까지 배당해주는 곳도 있다.

이 차입금에는 이자가 붙고 당연히 다음 연도 이익이 줄어들게 된다. 말하자면 이익이 없는데도 불구하고 주주에게 배당하는 것은 결과적으로 자신의 목을 죄는 것이다.

그보다는 "올해는 이익이 없어서 배당을 할 수 없습니다. 용서해주십시오."라고 말하며 머리를 숙이고 "그 대신 내년에는 더 노력해서 이익을 내어 배당을 드릴 수 있도록 하겠습니다."라고 말하는 쪽이 결과적으로 주주 측에게도 이로운 것이다.

당시 나는 '돈을 벌든 못 벌든 같은 비율'로 배당하는 방식이 아니라, 돈을 벌었을 때는 이익이 많든 적든 세금 낸 뒤 남은 금액의 30%를 배당하는 방식, 즉 배당성향주의(配當性向主義)로 해야겠다고 생각했다.

그래서 오사카 증권거래소에 가서 '배당성향주의'로 하고 싶다고 하니까, "그렇다면 상장할 수 없군요!" 하는 것이다.

빌어먹을! 하고 생각했다.

그러나 상장한다고 공언한데다가 그 이외의 점에서는 모두 OK했기 때문에 배당문제만으로 상장을 포기할 수 없어 일단 싸우는 걸 그만두고 배당률 방식으로 상장하기로 했다.

그렇지만 언젠가는 배당성향주의로 하고 말겠다고 줄곧 생각하고 있었다.

그 다음 도쿄 증권거래소에 상장할 때는 증권거래소에서 결론이 나지 않아 오쿠라쇼(우리나라의 재정경제부에 해당 : 역자주)에 갔다.

그곳에서 내가 배당성향주의로 상장할 수 없는 건 이상하다고 하니까 담당자가 배당성향주의는 올바르지만, 그렇게 해야 한다고 실행하는 경영자가 없다며 내 의견에 동조해주었다.

그래서 배당률 방식에 의한 안정배당이 경영자의 미덕처럼 여겨지지만 잘못되었다고 인정받아, 호리바제작소는 도쿄 증권거래소에서 배당성향주의를 약속한 최초의 기업으로 상장할 수 있었던 것이다.

회사는 자본과 경영과 노동이라는 세 가지 기능이 갖추어져야 성립되는 것이다. 나는 이것을 극장주, 감독, 배우에 비유해왔다.

배당률 방식은 관객이 많든지 적든지, 이익이 나든지 안 나든지 극장주에게만 이익이 분배되는 것이다. 임대료를 내는 것과 같은 이치다.

회사에 이익이 생겼을 때는 그것을 모두에게 나눠야 한다. 그렇게 하지 않는다면 투자액에 관한 리스크를 주주도 갖는 자본주의와 주식회사의 기본 규칙을 거스르는 것이다.

주주에게 안정된 배당을 약속한다면 종업원에게도 안정적인 급여와 상여를 약속해야 한다.

그렇지만 실제로는 이번에 돈을 못 벌었으니까 보너스를 깎자고 해야 한다. 인금 인상 요구를 자제해달라고 한다. 그러면서 적자가 나도 주주에게만은 배당을 한다는 것은 이상하다.

배당성향주의가 나에게는 당연한 '정론'이라서 여기저기에서 강하게 주장해왔다. 그렇게 해서 지금까지 너무도 당연하게 여겨온 악습에 반격을 가해 조금이라도 바꿀 수 있었던 것이다.

어렵게 회사를 만들어 경영자가 된다면, 어떤 의미에서든 세상을 좋은 쪽으로 변화시키지 않는다면 의미가 없다.

이게 틀린 말일까?

좀더 재미있어도 좋겠고, 좀더 편리하게, 좀더 유유자적하게, 뭐든지 좋다. '내 회사가 있기 때문에 세상이 움직였다'고 할 수 있는 것을 한 가지라도 만들어보고 싶다. 그런 기개야말로 모든 젊은 벤처경영자에게 내가 가장 기대하는 것이기도 하다.

■ CEO와 주주는 한배

기업의 주가가 오르면 CEO가 손에 쥐는 과외(課外) 보너스도 늘어나지만 반대로 주가가 떨어지면 CEO들이 손에 쥐는 봉투도 그만큼 얇아진다.

뉴욕의 컨설팅회사 윌리엄 머서사(社)가 미국의 80개 주요기업을 대상으로 실시한 조사(2000년도)에 따르면 주가가 상승한 기업과 하락한 기업의 CEO 보수가 뚜렷하게 명암이 엇갈린 것으로 나타났다.

주가 하락률 상위 10개 기업 CEO들은 지난해 평균 급여가 160만 달러로 전년대비 48%나 줄었다. 반면 주가가 오른 상위 10개 기업 CEO들은 평균 690만 달러의 보수를 받아 수입이 전년 대비 139%나 늘어났다. 조사대상 80개 기업 CEO들의 평균 봉급은 240만 달러로 1년 전보다 1.2% 증가하는데 그친 것으로 조사됐다.

주가가 떨어져 주주들이 손해를 본 기업에는 콤프유에스에이, 베르겐 브룬스비그, 웨스턴 디지털 등이 포함됐고, 아메리카온라인(AOL), 솔렉트론, 마이크론 테크놀로지 등의 주주들은 주가 상승에 따라 상당한 이득을 챙겼다.

이번 조사는 주로 회계연도가 12월 말로 끝나는 기업을 대상으로 CEO의 봉급과 보너스, 스톡옵션, 장기 인센티브 등을 포함해 산정했다. 또 주가 상승률은 해당 기업의 주가 상승분에 배당금 재투자분을 합쳐 계산했다. 머서사의 피터 칭고스 사장은 "지난해 CEO들이 전반적으로 기업실적에 비해 후한 대접을 받았지만 특히 실적이 좋은 기업은 이런 경향이 두드러졌다."고 말했다.

서울경제 · 이형주 기자

상장해도 위험은 끊이지 않는다

:정보 공개를 싫어하는 경영자
정보를 오픈하는 게 결국에는 약

호리바제작소가 처음으로 상장했을 때다.

매스컴 앞에서 회사에 대해 설명하기 위해 신문과 경제잡지, 그리고 증권회사 관계자와 여러 투자가들이 잔뜩 모여 있는 가운데 단상에 올랐다. 대개는 회사가 얼마나 투자가치가 있는 우량기업인가를 이야기한다.

그런데 나는 입을 열자마자

"우리 회사의 결점은….."

하고 이야기를 시작했다. 모두들 간담이 서늘해진 것 같았다.

"연구, 개발에는 사람과 돈을 지나치게 많이 쓰지만, 영업능력은 떨어지고, 판매의 본질을 잘 모르고, 독선적인 경향이 강합니다. 최고경영자인 저는 거기에 한술 더 뜨는 독선적인 사람이고, 물건을 만드는 것도 아주 서툽니다. 지금까지 개발만으로 기업을 운영해왔습니다. 그래서 지금까지 살아남았다는 게 신기할 정도입니다."

라고 솔직하게 말했다. 그리고 나서,

"지금 개발하고 있는 것은 세계 일류가 될 가능성이 있는 물건이고, 이미 그 우수성이 입증되었습니다. 부족한 점이 여러 가지 있지만, 그것을 이제부터 하나하나 보완하려면 돈이 필요합니다."

라고 말하고 단상에서 내려왔다.

친한 사람들에게서 "뭐하러 그런 이야기를 했어?" "무슨 말을 하는가 했어."라며 놀림을 당하기도 하고 핀잔을 듣기도 했다. 그러나 처음부터 나쁜 데를 모두 드러내는 것이 약이 된다. 나중에 알게 되더라도 "그래요. 그게 머리 아픈 곳이에요."하고 말하면 그것으로 이야기가 끝나니까.

노동조합과 교섭하는 일도 마찬가지다. "월급 올려주세요."해도 장부의 내용을 모두에게 보여주고

"사원들의 기분은 잘 압니다. 진심으로 좀더 올려주고 싶지만, 돈이 이것밖에 없기 때문에 더 이상 올리면 회사가 어려워집니다. 지금은 좀 참고 다 함께 열심히 일합시다. 그래서 돈을 벌면 보너스를 턱 하고 내놓을 겁니다."

그런 말을 듣고도 스트라이크를 일으킬 노조 간부는 없다. 지금 회사를 어렵게 해서 파산하여 일자리를 잃는 것보다, 몇 년 후에 멋진 결과를 얻는 쪽이 훨씬 좋기 때문이다.

그런데 그렇게 못하는 경영자가 많다. 기술개발에 실패하거나 불량채권 미수금이 많아 모양새 좋지 않은 일이 생기면, 우선 감추기에 여념이 없다. 내심으로는 식은땀을 흘리면서도 '우리 회사는 아주 건실하다'는 식으로 말한다. 최악의 경우가 되면 부정한 방법으로 손익을 숨긴다. 그렇게 되면 이미 진흙탕에 빠진 꼴이다.

거품경제가 붕괴한 이후 파산한 은행, 증권회사, 종합건설업자, 부동산회사, 그리고 무슨무슨 메이커 등은 모두 불량채권을 감추고 있다가 이러지도 저러지도 못하게 된 것이다.

경영자가 일단 회사의 나쁜 정보를 숨긴다면 사실은 그때 불량채권이 있었다는 말은 영원히 고백할 수 없게 된다.

어쨌든 전부 공개하는 쪽이 경영하는 입장에서는 편하다. 너무 힘들어서 다음 결산을 넘길 수 있을지를 솔직히 공개하고 도움을 청하면, 오히려 사원이나 금융기관에서 먼저 고비를 넘길 수 있는 방법을 생각해주기도 한다.

:주가의 오르내림에 울고 웃는 경영자
경영자는 중간 경과가 아니라 결과로 승부한다

"사장님, 주식이 또 올라서 갖고 계신 주식의 자산가치가 몇 억 엔이 되었습니다. 여기서 멋지게 재테크를 해서….'

누군가가 이런 식으로 말하면 경영자도 주가에 신경이 많이 쓰인다. 하루 종일 주식시황을 틀어놓고 '오늘은 1엔 올랐어'라든지 '이거 뭐야, 10엔이나 내렸잖아'하면서 그때마다 자기 자산을 계산하기도 한다.

그런 짓을 하고 있을 틈이 있으면 조금 더 경영에 심혈을 기울여야 하지 않을까?

생각해 보라. 회사 주식이 아무리 올라도 경영자 자신이 그 혜

택을 받기는 어렵다. 주식을 판다는 것은 경영권을 포기한다는 걸 의미하니까!

사장으로 있는 한, 주가가 상승한 덕을 보기 위해 주식을 팔아 현금화해서 자기 주머니에 넣는다는 건 불가능한 일이다. 그런 짓을 하고 있는 동안 좋지 않은 평판이 널리 퍼져서 비싸던 주식이 그만 땅에 떨어졌다는 이야기는 얼마든지 있다.

호리바제작소도 주식을 상장하고 나서 몇 번인가 증자했다. 그때 나는 증권회사 사람에게 "부탁이니까, 되도록 주식 가격을 싸게 해주십시오."라고 했다.

그렇지 않았다면 힘들었을 것이다. 액면가 50엔 주식에 500엔이라는 가격을 붙이면 회사 가치는 10배가 된다. 그러면 경영 책임도 10배, 경영 실패로 남에게 피해를 끼칠 가능성도 10배가 된다. 그렇게 생각하면 걱정이 되어 과감하게 경영할 수 없다. 야구로 말하자면 방망이를 짧게 쥐고 조금씩 맞춰가는 식이다.

호리바제작소의 주식이 싸면 안심이 되었다. '됐어. 이 정도라면 좀더 모험할 수 있어'하고. 물론 올바르지 않은 정보가 퍼져 주가가 폭락할 것 같으면 정정해서 대응한다.

어쨌든 주가가 실제 가치보다 높아지는 것보다는 몸에 맞는 안정된 주식 쪽이 좋다. 나는 늘 그렇게 생각해왔다.

최근 경영자 가운데는 '시황이 바닥을 헤매고 있어서 주가가 오를 것 같지 않으니까 상장을 연기한다'는 사람이 있다. 도대체 무얼 생각하고 있는지 의심이 들곤 한다.

증권회사 사람이 '호리바 씨는 생각이 낡았어'라고 하여 "주가를 조금 더 높이는 쪽으로 생각하지 않으면 안 됩니다."하고 말하지만, 나는 "안 돼요." 하고 내 생각을 말할 뿐, 당신들 칭찬 따위를 듣고 싶은 건 아니다.

중요한 것은, 경영자는 매년 결산을 위해 일하는 것이지, 한순간 반짝 하고 주가를 올리기 위해 있는 것이 아니라는 사실이다.

중간의 경과로 웃고 우는 것보다는 연말 결산 때 흑자 장부로 주주를 기쁘게 하는 방법을 생각해야 한다. 그렇게 하면 단 하루에 폭락하는 사상누각의 비싼 주식이 아니라 웬만한 어려움에도 눈 하나 깜짝하지 않는 안정된 주식이 되니까.

:비관적인 경영자
경영자란 기업의 무드메이커 역할을 한다고 생각하라

거품이 빠지고 불황이 계속되어 경영자의 표정도 어두워졌다. 누구든지 기업의 장래를 비관적으로 보고, 밝은 미래를 그릴 수 없었다. 가끔 기운차 보이는 경영자가 있으면 저 사람 좀 모자라지 않아? 하는 식의 취급을 당하기 쉽다.

경영자의 얼굴이 어두워지면 회사 전체가 어두워진다. 밝은 전망을 갖지 못하면 기술부서에서 영업부서까지 소극적으로 일할 수밖에 없다. 당장이라도 목을 맬 것 같은 얼굴로 물건을 팔러 가는데 누가 그런 걸 사주겠는가?

경영자는 회사에 힘을 주는 존재가 되어야 한다. 세상이 어려울 때 너무 경박스럽게 비관적인 전망을 말하면 회사도 날아가버린다. 그렇지만 반대로 사업 철수와 같은 시책이라도 밝은 표정으로 이야기한다면 오히려 사원에게 힘을 줄 수 있다.

"이번에는 사업을 철수한다. 하지만 이것은 지금보다 조금 더 어려운 불황이 와도 버틸 수 있는 강한 회사로 거듭나기 위해서다. 지금은 경기가 안 좋지만, 이 시기를 이겨낸다면 곧 봄이 온다. 이 생활을 1년 계속하면 원래대로 돌아갈 수 있다. 그때 모두다 함께 앞으로 나아갈 수 있게끔, 지금 체력을 쌓아두지 않겠는가?"

하며 호탕하게 웃으면 된다.

일반적으로 회사의 사업 규모를 조금이라도 축소하면 세상이 끝나는 것 같이 생각하게 마련이다. 그렇지만 1년 정도 옷 사업지 않아도 되지 않겠는가? 스테이크나 맛있는 와인, 먹지 않아도 되지 않는가? 막걸리 마시고, 식물성 단백질인 콩이라도 씹으면서 살아남으면 이 벽은 뛰어넘을 수 있다. 원래처럼 회사는 성장할 수 있다.

그렇게 되어 스테이크를 먹고 와인을 마시며 떠들썩하게 잔치를 열어보지 않겠냐고 말하면 사원들로부터 환성이 터져나온다.

그러면 회사는 강해진다. 경쟁에서 이길 수 있다. 불황의 파도 정도로 무너지지 않는다.

경기가 나쁘고 힘들 때, 가끔은 자신의 얼굴을 거울에 비춰보고 웃는 연습을 하는 것도 경영자에게 중요한 수행이 되지 않을까?

:역경에 약한 경영자
수재일수록 세상을 모른다. 강인해져라

나는 기술을 무기로 회사를 일으킨 사람이다. 그렇기 때문에 IT 계 하이테크 벤처기업을 경영하는 사람의 기분을 잘 안다.

자신이 개발한 기술로 세계를 주름잡고 싶다. 조금 더 많은 사람들이 내 기술로 생산한 제품을 사용했으면 좋겠다. 그런 기술로 사람들의 생활을 바꿔보고 싶다.

그런 기분이야말로 기술자 출신의 벤처경영자들이 공통적으로 갖고 있는 추진 엔진이라고 할 수 있다.

단지 요즘의 하이테크 벤처경영자 중에는 너무 연약하여, 저래도 괜찮을까 싶은 사람이 있어 걱정된다.

대단한 기술을 개발할 수 있는 사람은 대부분 수재다. 명문대를 졸업하고 대학 연구실이나 대기업 연구소에서 일해왔다. 그런 사람은 나 같은 동네 발명가와는 비교도 안 되는 차원 높은 기술을 갖고 있다.

그렇지만 그들은 세상일을 잘 몰라 역경 속에서 다져진 맷집이 부족하다. 그들은 월급이 매월 자동적으로 통장으로 들어오고, 회사를 찾아가 일류기업의 명함을 내밀면 담당 임원이 나와준다.

그런 환경에서 성장한 사람이 자신의 회사를 만들어 같은 회사를 방문한다면 커다란 충격을 받을 것이다. 담당 임원은커녕 수위조차 상대해주지 않아서 문 앞에서 바로 쫓겨나기도 하니까.

이제 독립했기 때문에 지금까지의 직위가 통용되지 않는다는 것을 잘 알고 있다고 입으로는 떠들어댄다. 그렇지만, 말뿐이지 마음 자세는 전혀 갖추어져 있지 않다. 명함에는 대표이사, 사장, CEO라고 써있어도 수위에게조차 자기 입장을 확실히 설명하지 못하기 때문에 결국 돌아가라는 말을 듣게 된다.

그런 사람은 영업이나 재무 출신의 수재급 인재를 파트너로 하든지, 아니면 나도 돕고 있는 기업가 학교 같은 곳에 가보는 것도 좋을 것이다.

아무리 '우리 회사는 기술로 승부! 승부! 승부!'한다고 주장해도 예의범절이나 회사상식 같은 데서 손해보면 팔릴 물건도 못 팔고 만다.

경영자는 머리를 숙이는 것도 일이다. 지나치게 겸허할 필요는 없지만, '머리 숙이는 건 얼마든지'라고 할 수 있을 정도의 강인함이 경영자에게 꼭 필요한 것 아닐까.

:퍼포먼스밖에 생각하지 않는 경영자
내실 있는 회사는 퍼포먼스로 어필하지만, 내실 없는 회사가 하면 공허할 뿐

먼저 전제해두지만, 나는 퍼포먼스(performance)가 필요하다고 생각한다.

일본인은 10정도의 것이라도 7이라고 하는 것을 겸양의 미덕이라고 하지만 그렇지 않다. 그것으로는 비즈니스 경쟁에서 이길 수가 없다. 나는 언제나 10은 10이라고 말해야 한다고 생각해왔다. 미국인은 오히려 10을 20이라고 말할 정도이다.

그렇다고 내실 없는 것을 퍼포먼스로 있는 것처럼 보이는 것도 잘못됐다고 생각한다. 있는 그대로 보여도 투자가나 소비자에게 어필할 수 있는데, 아무것도 없으면서 생각나는 대로 '사업을 이렇게 하자, 저렇게 하자'하며 퍼포먼스한다. 그렇지만 잘 생각해보면 0을 몇 백 배, 몇 천 배로 불려도 역시 0인 것은 전혀 변하지 않는다.

IT 거품, 인터넷 거품 속에서 그런 퍼포먼스만의 회사가 산더미처럼 많이 생겨난 것 같다. 휴대전화 숍을 열어서 유명해진 회사가 있었다. 그렇지만 물건을 만들고 있는 것이 아니었다. 유통도 분명히 부가가치의 하나지만, 계약할 때 돈을 미리 받아서 그것으로 새 가게를 열고 있다. 그렇게 하면 언젠가는 벽에 부딪힌다.

그것을 새로운 비즈니스 모델이라고 해서 극구 찬양하는 사람이 있다. 그렇지만 그런 생각은 너무나 이상하다.

경영은 시행착오다. 시계추처럼 오른쪽으로 갔다가 왼쪽으로 가면서 흔들리고 있다. 오른쪽으로 갔더니 안 됐다. 그래서 왼쪽으로 갔더니 그저 그랬다. 그러면 왼쪽 45도에 가 보는 것처럼….

그러나 생각나는 대로의 퍼포먼스뿐인 회사에는 이런 흔들림이 없다. 처음 만든 비즈니스 모델이 아무리 멋진 것이라도 한 번 흔들리면 날아가버리고 만다. 안 될 때 '그러면 이래야지'하는 게 없기 때문이다.

시계추는 한 번 흔들리면 원래 자리에 돌아온다. 문득 떠오른 생각을 가지고 퍼포먼스만을 하는 회사가 아니라, 시계추형 경영을 추구해나갔으면 한다.

:간단히 권한을 넘겨버리는 경영자
능력 없는 사원에게 권한을 넘겨주는 것은 무책임이라고 생각하라

"우리 회사는 젊은 사원에게 권한을 위임하고 있기 때문에 사장은 시간이 남아돌아서 매일 골프만 치고 있어요."

이것도 흔한 이야기다.

혹시 내가 주주라면 당장 사장에게 사퇴하라고 할 것이다.

"거품 시기부터 올바른 권한 위임이 기업의 길입니다. 권한 위임을 잘못하는 회사는 과거의 유물이 되어버립니다."라고 말들이 많았다.

그렇지만 그렇게 하기 위해서는 책임을 지고 권한을 위임받기에 적합한 능력을 사원에게 교육하고, 그런 다음 넘겨주어야 한다. 능력에 넘치는 권한을 위임받아 고생하는 것은 사원에게 잔혹한 일이라고 생각한다.

경영자가 지금보다 중요한 일을 하지 않으면 안 되기 때문에 사원에게 일을 맡기는 것이다. 그것에 의해 한 사람 한 사람에게 성장의 기회를 준다. 그것이 추구해야 할 올바른 권한 위임법이다.

권한 위임은 목적이 아니라 수단이다.

이런 부분에 대해 전혀 생각하지 않기 때문에 권한을 위임해놓고 시간이 남아돌아 골프만 치고 있는 바보 같은 사장이 나오는 것이다.

그리고 능력 없는 사원, 혹은 회사에 대한 로얄티를 갖지 않은 사원에게 권한을 위임하는 것도 위험하다는 걸 알았으면 한다. 예전에 내가 큰맘 먹고 권한을 위임한 사원이 과중한 업무에 시달리다 사표를 내고 말았던, 정말 속상했던 경험이 있다.

중소기업의 경우에 이상한 사원에게 권한을 위임해서 자금 문제가 엉망진창이 됐다는 이야기를 자주 듣는다. 또 노하우를 훔쳐서 제멋대로 독립하는 경우도 있다.

자신이 회사에서 해야 하는 역할을 잘 생각하지 않고 유행에 따라 권한을 위임하는 것은, 경영자로서 태만하게 행동하는 것이다. 동시에 자살행위나 마찬가지다. 거기까지 생각해 사원을 확실히 교육시키고, 그런 바탕 위에서 권한을 위임해야 한다.

:무턱대고 헤드헌팅을 하는 경영자
오랫동안 공적을 쌓은 사원을 등돌리게 해도 좋은가?

기업경영의 스피드가 요구되는 시대다. 속전속결이 요구되고 있다.

고등학교, 전문학교, 대학교를 졸업한 사람을 신입사원으로 채용해서 일일이 교육해서는 하루가 다르게 변화하는 시대의 스피드를 따라가기가 너무나 힘들다. 그래서 헤드헌팅으로 바로 쓸 수 있는 사람을 채용하게 된다.

그렇지만 헤드헌팅이라는 것도 양날을 가진 검이라고 생각한다.

사람의 능력에는 슬프게도 한계라는 게 있다.

교육연수를 하면 누구든지 쑥쑥 성장해 시대의 첨단을 걷는 인재로 키울 수 있느냐 하면, 그렇지 않다.

돌연변이와 같은 성장을 하는 인재가 없는 건 아니지만 아주 적다. 어느 날 갑자기 대단한 능력을 발휘한다든지, 평소에는 평균조차도 안 되던 사람이 비상시에는 놀랄 정도로 활약하는 경우도 있다.

그렇지만, 일반적으로 교육에 의해 인재로 성장하는 것은 한계가 있다. 그래서 어쩔 수 없이 헤드헌팅을 해야 한다면 하는 수 없다.

긴급하게 진행해야만 하는 사업이 있고, 사내를 둘러보아도 그 역할을 할 만한 사람이 없다. 그래서 어쩔 수 없이 헤드헌팅에 의지한다. 이것이 올바른 과정이다.

그렇지 않고 '나도 할 수 있는데'라고 생각하는 사원이 있는데, 헤드헌팅한 인재가 바로 그 사원의 상사로 온다면 어떻겠는가?

회사가 작을 때부터 사장과 함께 동고동락해 온 성과가 이제 겨우 나오기 시작해 회사도 성장하고 있는데, 그러자마자 자신이 맡을 거라고 생각했던 일을 어디에서 뭐하던 사람인지도 모르는 자에게 뺏기고 말았다면 그 사원은 당연히 등을 돌린다. 업무에 태만해지고, 그러다가 결국 슬그머니 회사를 그만두고 마는 것이다.

헤드헌팅의 효용을 어느 정도는 인정하지만 나는 역시 오랫동안 함께 근무하면서 애써준 동료들의 마음을 소중하게 여기고 싶다. 말만이라도 '사장님을 위해서라면 목숨이라고 걸겠다'라고 말하니까.

헤드헌팅으로 들어온 사람에게 오랫동안 함께 한 마음의 끈 같은 걸 기대하기 어렵다.

결국 그런 사람들만이 남는다면, 경영자는 지금까지와는 비교할 수 없을 정도로 고독해질 것이다.

그리고 또 하나 신경 쓰이는 것은 헤드헌팅에 의지하는 경영자일수록 '우리 회사에는 바보들만 있어서'라고 생각한다.

그런 생각을 하는 경영자에게 '목숨 걸고 도와줄 사원'이 있을 수가 없다.

:의심이 많은 경영자
금고의 열쇠를 비서에게 맡기지 못한다면, 사원의 신뢰도 얻을 수 없다

이게 좋은 것인지 어떤지는 모르겠지만, 지금까지 단 한 번도 내가 대표이사 도장을 찍은 적이 없다.

물론 시안에 따라 필요할 때는 보고를 받고 그에 관해 의견을 말한다. OK 할 만한 내용이면,

"알겠어. 그걸로 할 테니까 비서한테 도장 받아가."

라고 말한다. 그렇데 이런 경영자는 드문 것 같다.

회사 도장에 인주를 묻혀 서류에 꾹꾹 눌러 찍는 것에 대단한 기쁨을 느끼는 경영자가 의외로 많다. 그 정도가 아니라 이것이야말로 경영자의 직무라고까지 생각하는 사람도 있다.

얼마 전 상장기업과 계약을 맺은 일이 있었는데, 이야기는 이미 세부적인 사항까지 논의한 상태였다. 계약서 내용도 서로 확인했

으니까 계약서를 비서 편에 보냈다.

그랬더니 돌아온 비서가 이렇게 말했다. 그 회사 사장은 손수 금고를 열고 소중하게 넣어둔 인감을 꺼내어 직접 서류에 찍었다고.

나는 경영자의 직무는 판단하는 것이고, 서류에 도장을 찍는 정도의 일은 몇 단계 아래의 일이라고 생각하고 있다. 그런데 그런 일에 '존재의식을 느끼는 사람'도 있구나 하고 새롭게 알았다.

그러고 보니 어음도 수표도 전부 자기가 관리하지 않으면 마음이 놓이지 않는다는 경영자가 확실히 많다.

회계 결산을 하는 월말에 "마시러 안 갈래?"라고 물으면,

"안 돼. 지금부터 도장 찍어야 돼."

하는 식의 대답이 돌아오는 적이 있다.

"뭐야, 그런 걸 직접 한단 말이야?"라면

"당연하잖아!"하고 대답한다.

나같이 도장 찍는 따위의 일은 하찮은 것이라고 생각하는 경영자가 이끄는 회사는 도장을 비서에게 맡겨도 된다. 그렇지만 사원에게 절대 맡기지 못하는 경영자가 진두지휘하는 회사는 어느 누구도 믿지 못하는 환경이 된다.

경영자 중에 과거에 사람을 믿었다가 배반당한 아픈 기억을 갖고 있는 사람이 많다. 실은 나도 몇 번인가 호되게 당한 적이 있다. 그런 경험을 가진 사람이 남을 의심하는 것은 당연할지도 모른다. 그렇지만 아무리 매사에 의심하고 일일이 확인한다고 해도 100% 안심할 수는 없다.

그렇다면 더 불안하고 불안해서 안절부절못하게 된다. 회사 상

황이 좋을수록 누군가에게 배반당하지 않을까 신경이 쓰인다. 사원 얼굴을 하나하나 떠올려서 이 녀석은 도대체 괜찮을까 생각하며 밤에도 잠이 안 온다. 뭐든 잘 될수록 불안은 커지게 된다.

의심 많은 경영자가 된다는 것은 여러 가지 면에서 정말 수지 안 맞는 손해보는 장사다.

:변명을 늘어놓는 경영자
아무리 자신을 정당화해도 회사 현실은 달라지지 않는다

불상사에 대해 추궁당하면 "내가 잘못한 게 아닙니다."하며 변명을 늘어놓고 세상으로부터 비웃음과 비난을 사는 경영자가 있다. 확실히 그건 경영자의 대응방식으로는 최악이라고 본다.

경영자에게 가장 중요한 일은 최종책임을 지는 것이다. 혹시라도 다른 부분은 전혀 해내지 못하더라도 최종책임만은 자신이 지겠다고 각오한다면 100점 만점 중 50점 정도는 받아도 좋지 않을까?

그렇지만 실제로는 전혀 그렇지 못한 경영자들이 많은 것 같다.

불상사가 생긴다. 매출이 떨어진다. 그러자마자 화살받이로 나서는 게 경영자다. 이건 정말 괴롭다. 자신에게 책임이 있는 것이야 그렇다 쳐도, 알지도 못하는 사외 문제부터 자신의 회사로서는 전혀 책임이 없는 문제까지 추궁당하는 일이 있다. 경영자를 사임으로 몰고 가는 게 목적처럼 행동하는 신문이나 방송 기자도 있으니, 사면초가의 기분이 된들 전혀 이상할 게 없을 정도이다.

그렇지만 거기서 변명하면 그것으로 끝이다.

부하의 탓으로, 거래처 탓으로, 하청업체 탓으로, 경쟁사의 전략 탓으로, 주식시장 탓으로, 외환시장 탓으로, 매스컴의 탓으로, 시대의 탓으로….

그런 걸 잘 엮어서 멋지게 변명하는 경영자도 많다.

물 한 방울 샐 틈 없는 논리를 내세운다.

그렇지만 아무리 멋진 논리를 내세우더라도 결론적으로 '그러니까 내가 잘못한 게 아닙니다'가 되어버리면, 이미 설득력이 전혀 없는 이야기가 되어버린다.

경영에 관한 최종책임을 지는 것이 당연한 경영자가 머리를 잔뜩 써서 '나는 잘못한 게 없어요'라는 걸 증명해봐서 뭘 어쩌겠다는 것인가.

그런 회사를 만든 것도, 또 그런 부하를 채용한 것도, 그런 상품이나 영업 전략을 결정한 것도 모두가 경영자의 책임이다.

'책임은 어디에 있는가'라는 범인 찾기엔 흥미가 없다. 기자회견이 시작되기 전에 '그러면 어떻게 할까'라는 전략을 철저히 연구해서 발표한다. 과거를 되돌아보고 책임을 회피하기보다는 문제를 해결하기 위해 땀 흘린다.

그래도 안 되면 그때가서 사임하면 되지 않을까?

:거품경제 탓으로 돌리는 경영자
자신도 춤추었던 걸 잊지 마라

이것도 변명에 속하는 이야기지만, '회사가 어려운 건 거품경제 탓이다'라는 의견도 있다. 예외 없이 호리바제작소도 거품경제 붕괴 후에 회사 상황이 아주 어려워졌다.

거품경제 때는 정신 없이 부채로 바람을 부쳐대던 사람이 지금 이렇게 되고 보니, 마치 손바닥 뒤집듯이 돌변해 "거품이 문제야."라는 식의 이야기를 하는 것은 솔직히 말해 못 참겠다.

경제평론가 중에도 이런 녀석이 있는데 절대 용서할 수 없다

거품이 한창이던 때는

"경영자가 영업 이익만을 쫓아서는 안 됩니다. 영업 외 이익으로 어떻게 돈을 버느냐 하는 것이 이제부터의 경영 솜씨입니다."

라고 말하던 사람이 있었다.

회사 돈을 은행에 예금하거나, 그 돈으로 국채를 사는 것은 한 수 아래의 수법으로, 토지를 사거나 주식을 사서 본업 이 외의 이익을 추구하라며 방송에서 말했다. 거짓말이라고 생각한다면 비디오에 녹화해둔 게 있으니 보여줄 수도 있다.

그러던 사람이 지금에 와서는

"그때 경영자는 본래 영업 이익을 제쳐두고 영업 외 이익만을 추구하고 있었습니다. 그런 경영자는 잘못되었습니다."

라고 말하고 있다. 이만한 중죄인은 없을 것이다.

거품경기는 이런 경제평론가의 부추김을 타고 춤추었던 면도 있다. 그렇다고 해도 일본 대다수의 회사에서는 경영자가 선두에

서서 춤을 추고 있었다. 이것 역시 사실이다.

주주와 사원에 대한 책임은 시대 탓도, 부추기던 경제평론가의 탓도 아니고 경영자 자신에게 있는 것이다.

지금 또다시 IT 거품이 커지고 있다.

거품인 이상 이것도 언젠가는 붕괴한다(이미 그렇게 됐다는 이 야기도 있지만). 그때 '시대 탓을 하지 않도록 경영하고 있습니까?'라고 일본의 경영자들에게 묻고 싶다.

거품경제 붕괴 후의 혼란이 되풀이된다면 우리는 아무것도 배우지 못한 꼴이 된다. 적어도 자신이 거품경기에 춤추었으면서 피해자인 것처럼 말하는 것은 그만두어야 한다.

:기업 윤리가 없는 경영자
법률에 위반되지 않으면 괜찮은 게 아니다

이 책에서 몇 번이나 '경영에 목숨을 건다', '일생의 일로서 경영한다' 같은 말을 했다.

그렇다고 회사를 존속시키기 위해서라면 뭐든 해도 좋다는 건 절대로 아니니 오해하지 말았으면 한다.

회사를 경영하다 보면 법률을 위반하는 일, 법률상으로는 문제가 없지만 윤리적으로는 아니다 싶은 일, 그런 유혹을 계속 받게 된다.

적자를 내면 주주에게 규탄받기 때문에 분식계산을 한다.

다른 기업과 문제가 생겨 법정에서 소송을 하게 되면, 결과가 나오기까지 시간이 걸리기 때문에 정당하지 못한 방법으로 해결하려 한다. 그래서 주주총회를 주주총회꾼(적은 주를 갖고 있으면서 주주총회에 참석해서 소란을 피우는 사람들 : 역자주)에게 의지하기도 한다.

그 외에 법률과는 관계가 없지만, 라이벌 기업의 악담을 흘린다든지, 핵심 멤버를 술 취하게 해서 정보를 빼낸다든지 하는 것도 있다.

당시는 회사 실적이 호전되고 궁지에서 벗어날 수 있을지 모른다. 그렇지만 윤리에 어긋나는 행동을 하면 회사 이미지만 더럽힌다는 사실을 알았으면 좋겠다.

생각해 보라. 사원의 자녀가 "우리 아빠는 이 회사에 근무해."라고 친구들에게 이야기할 수 없는 회사를 경영한다면 기쁘겠냐는 것이다.

고용 사장이라면 업적이 나빠 해고당할 것이다. 그렇지만 창업 사장이나 오너 의식을 가진 경영자라면 주주총회에서 '미안합니다'라고 말하면 된다. 감추고 감추다가 마지막에 좋지 않은 정보를 불쑥 꺼낸다면 더 혼란스러워진다. 차라리 그때마다 조금씩 내놓으면 충격을 완화할 수 있다.

회사가 어려워지면 머리카락은 푸석푸석, 눈에는 핏발이 서서 윤리 따위를 말할 상황이 아니기 마련이다.

그렇지만 그럴수록 자신이 왜 회사를 만들었는지 한 발 물러서서 생각하고, 윤리에 어긋나는 행동은 자제해야 한다.

그러면 정치가나 재계가 밀착해서 나쁜 짓을 하는 이 나라 현실도 조금 더 좋아질 거라고 생각한다.

:포기가 너무 빠른 경영자
10명 중 7명이 실패라고 해도 가능성에 승부를 걸어야 할 때도 있다

호리바제작소와 같은 개발형 벤처기업이 항상 부딪히는 문제는 '어디서 포기할까'라는 것이다.

경합회사가 같은 제품을 만들었다면 가격경쟁이 될 만한 분야에서는 싸우지 않기로 기본방침을 세우고 있다. 그렇기 때문에 필연적으로 새로운 것과 개발을 계속해나가는 것이 회사의 숙명이다.

그렇다고 해도 이익이 날 전망이 없는 것이라든지, 이익이 나도 30년 후라는 것에 회사가 개발 투자를 계속할 수는 없다.

나는 기술자였기 때문에 이쯤에서 빠져야 한다고 기술자에게 말하는 게 정말 괴롭다. 그렇지만 그게 경영자로서의 역할이라고 생각해서 싫은 역을 하는 것이다.

그러나 어려운 것이 기술의 세계, 10명 중 7명이나 8명이 '안 되겠지'했는데도 상품이 되어 대단한 성공을 거둔 경우를 어렵지 않게 볼 수 있다.

호리바제작소에서도 그런 예가 몇 가지 있다.

현재 회사 매출의 40% 가까이 차지하고 있는 '자동차 배기가스 측정기'는 통산성 연구기관으로부터 의뢰받았는데 내가 거절했던 제품이다. 그걸 내 뒤를 이어 2대 사장이 된 오우라 마사히로(大浦政弘)가 나 몰래 연구를 계속해 결국 회사의 주력제품으로 키워낸 것이다.

또 우리가 독자적으로 개발한 'X선 분석현미경'도 품의서를 쓴 기술자가 '성공률은 기껏해야 10%'라고 했던 것이다. 그러나 나는 '측정과 분석에 관해서는 호리바제작소가 톱이 되지 않으면 안 돼'라고 생각하던 터라 개발하라고 지시했다. 그 결과 태어난 제품이 경찰 감식과나 국제공항 입국심사장에서 사용되어 충분한 이익을 내고 있다.

기억을 더듬어 보면 스스로 '포기가 너무 빨라서 손해봤다'는 생각이 드는 쪽이 훨씬 많다.

맨 처음 포기한 것은 원자물리학인데, 패전하는 바람에 더 이상 연구할 수 없게 됐다. 그때는 그런 연구를 할 분위기가 안 되는 시대였지만, 그냥 포기하지 말고 대학에 조금 더 남아있었다면 재개할 수도 있었다.

또 한 번은 한국전쟁 때다. 물건 만들기를 시작해 서툴게라도 콘덴서나 전자부품 분야에서 기술적인 성공을 거두었다. 그걸 지금 식으로 말하면 벤처캐피털 같은 투자가에게 출자를 의뢰해 대대적인 비즈니스를 시작하려고 생각했다. 그런데 그때 한국에서 전쟁이 일어나 인플레이션이 극심해졌다. '이건 안 되겠다'하고 포기했다.

포기한 결과 콘덴서를 만들기 위해 자체 개발한 분석기계로 회사를 만들 수 있었기 때문에 후회할 필요는 없다. 그렇지만 그때 콘덴서 회사를 만들었다면 지금의 분석기 회사보다는 훨씬 커졌을 거라는 생각이 들기도 한다. 콘덴서 회사를 만드는 일에 조금 더 힘썼더라면, 그후의 일본 경기가 점점 좋아졌기 때문에 투자가들도 돈을 얼마든지 댈 수 있었을 것이다.

나는 지금까지 회사를 경영하면서 이건 안 되겠다 싶으면 금방 포기하고 다른 분야에 도전했다. 내 인생을 객관적으로 바라보면 이렇게 포기로 시작해서 포기로 끝나고 있는 것 같다.

'조금 더 강한 집념을 가져야 한다, 너무 쉽게 포기하는 것은 안 돼'하는 후회투성이다.

:위기에 약한 경영자
대공황에도 쓰러지지 않는 지칠 줄 모르는 생활력을 가져라

경영은 예측하고 또 예측해야 한다. 아무리 예측해도 지나치지 않다. 회사가 갈 길이 오른쪽이었다면 이곳에 간다. 왼쪽이라면 저곳으로 간다. 그리고 그 길을 오른쪽으로 돌아서….

이렇듯 수천 가지, 수만 가지로 생각할 수 있는 것 중에서(가능하면 모든 경우를 예측해서) 계속 최선책을 선택할 것, 이것이 경영의 이상일 것이다.

예측할 수 있는 모든 것을 생각해 본다고 해도 미처 예측하지 못하는 것이 있다. 예를 들어 천재지변이나 닉슨쇼크, 거품경제 붕괴같이 경제가 무너지고 말 때이다.

거품이 한창일 때는 모두들 호황이 오랫동안 계속될 것처럼 생각했다. 그러나 거품은 빠지기 마련이다. 그리고 거품과는 전혀 관계가 없고 거품경제가 붕괴해도 아무런 영향이 없는 기업은 하나도 없을 것이다.

어쨌든 호리바제작소도 몇 차례 불황을 이겨내고 여기까지 왔다.

닉슨쇼크도 있었고, 그 다음엔 오일쇼크도 있었다. 엔고(円高) 불황도 있었는데, 가장 힘들었던 시기는 지난 거품경제 붕괴 때였다.

셀 수 없을 정도로 수많은 회사가 퍽퍽 쓰러지고 있을 때도 호리바제작소는 살아남아 기업 활동을 계속할 수 있었다.

그렇지만 '불황에 강한 기업', '불황을 뛰어넘는 비결'같은 걸 물어오면 좀 곤란해진다. 사실은 특별히 불황에 대비해서 준비해둔 게 없었으니까.

거품 붕괴 후 자주 오르내리는 말 중에 '1년 간의 운전자금을 모아 두라'는 게 있다. 그러면 1년 간 매출이 없어도 우선 회사를 계속 운영할 수 있다.

그렇지만 내 감각으로는 초점이 조금 다르다고 생각한다. 경쟁사의 비행기가 목적지까지 필요한 연료의 10%를 여분으로 더 넣어 날고 있을 때, 우리 비행기가 안전을 위해 여분을 50% 더 넣어 날고 있다면 당연히 중력이 올라가 실을 수 있는 짐의 양이 적어지고 이익이 줄어든다.

그러나 호리바제작소가 살아남은 이유는 결코 그런 비축이라든가 숨겨둔 보물 따위가 있어서는 아니다. 한 가지 살아남지 못한 기업들보다 훌륭한 점이 있다면, 예상치 못한 사태에 빠졌을 때 재빠르게 대응했다는 것이다.

'왜 거품경제가 붕괴했을까'하고 탄식하고 있으면 아무것도 안된다. 그렇게 된 이상 하루라도, 아니 1초라도 빨리 사태에 대응해야 한다. 자금 문제가 발생하면 거래은행에 당사 방침을 충분히 이해시키고 지원을 받아내야 한다.

우왕좌왕하며 수수방관하는 게 아니라, 확실하게 발버둥칠 수 있었어야 한다. 바다 한가운데 던져져 모습은 형편없고 게다가 바닷물을 꿀꺽꿀꺽 마셨어도, 어떻게든 발버둥쳐서 해안가에 닿을 수 있어야 한다.

말하자면 호리바제작소는 그런 강인함을 가진 회사이다.

앞에 이야기한 비행기 연료처럼, 최후의 한 방울을 갖고 뭔가 해보려고 발버둥칠 수 있는 정신적 여유가 필요하다.

우리들은 전쟁 전, 전쟁중, 그리고 전쟁 후에도 살아남아 대단히 힘든 고비를 몇 번인가 넘겼다. 하루 한 끼도 제대로 먹지 못한 채, 800Kcal 정도로 생활해온 적도 있기 때문에 그때 일을 생각하면 '뭐, 그 정도까지 심하게 되지는 않겠지, 생활이 빠듯해져도 죽지는 않겠지'하고 생각할 수 있게 된 것이다.

얼마 전에도 은행 사람과 이야기했는데, 내가 철들 무렵, 환율이 1달러 당 2엔이었다. 전후 고정 레이트가 됐을 때는 360엔이었지만, 사실은 그때 1달러 당 500엔으로 뒷거래가 있었다. 1달러당 2엔에서 500엔까지 경험했지만 환율로 인해서 굉장히 어려웠던 기억은 한 번도 없었다.

환율이 250배가 되어도 나는 죽지 않았다. 먹는 것도 5000Kcal에서 800Kcal까지 줄여도 죽지 않고 살아왔다. 사람은 그렇게 간단히 죽지 않는다.

아직 괜찮으니까, 일본의 미래에 대해서 이러쿵저러쿵 말할 것 없다고 하니까 그 은행 사람은 "두 손 들었습니다. 얘기가 안 됩니다."하고 돌아가버렸다.

경영자는 어떤 점에서는 갑자기 태도를 돌변한다든지, 반대로 혼돈 상태에서 태연할 수 있는 능력이 필요하다. 앞으로 세상이 대혼란을 겪을 거라는 사람도 있다. 전후 암시장 세대와 같은 강인함을 가진 경영자야말로 살아남지 않을까?

■ CEO의 새로운 리스크(risk)관리

◆ 리스크와 불확실성 시대의 CEO

지식과 영업 능력 면에서 우수한 평가를 받은 사람이 정보통신회사의 지사장으로 선발됐다. 그런데 직원이 4~5명일 때는 별 문제가 없었으나, 회사의 성장으로 직원 수가 30~40명으로 늘자 조직관리 면에서 허점이 드러났다. 그는 영업과 기술엔 뛰어났지만 조직관리에 미숙하여 그 자리를 떠나야 했다.

디지털 시대가 되면서 경제의 불확실성은 어느 때보다 높아졌다. 리스크에 대한 철저한 준비 없이는 위의 예처럼 우수한 CEO로서 오래 머무를 수 없다. 불확성실 시대, 인터넷 시대 환경에서의 우수한 CEO란 조직관리능력, 즉 리더십과 커뮤니케이션 스킬, 대인관계가 원만하고 정직하며 건강한 사람이 돼야 한다.

◆ 유능한 CEO의 리스크 관리

리스크 관리를 잘해 우수한 CEO가 되기 위해서는 어떻게 해야 할까? 첫째, 변화에 대한 정보 획득에 민감해야 한다. 둘째, 정보에 대한 철저한 분석력을 가져야 한다. 셋째, 적합한 기회를 놓치지 말고 이용해야 한다. 넷째, 공정성과 팀 건설(team building)에 신경 써야 한다. 다섯째, 변화에 대한 적극적인 대처가 필요하다. 여섯째, 대처 액션에 대한 공감대를 형성해야 한다. 일곱째, 미흡한 점이 있으면 과감하고 신속히 보완해야 한다. 여덟째, 계속적인 관찰과 점검, 확인을 해야 한다.

결론적으로 21세기 우수한 CEO가 되기 위해선 리스크 관리에 대한 우수한 능력 없이는 경쟁에서 살아남지 못할 것이다. 리스크가 무서워하는 CEO가 되어야 한다.

조선일보 · 김국길 KK 컨설팅 사장

회사를 물려주는 바로 그때

:빚진 회사를 떠넘기는 경영자
어려운 상황에서 회사를 맡는 후계자의 괴로움을 생각하라

정보를 공개하지 않는 회사는 망한다. 그건 맞는 말이다.

기자회견장에서 파산한 기업 사장을 보면 불쌍할 때가 많다.

왜냐하면 그렇게 머리를 숙이고 있는 경영자라는 사람들은 대개 오너가 아니라 월급쟁이다.

앞세대, 그보다 더 앞세대와 함께 긴 시간 열심히 자신을 바친 끝에 드디어 톱에 올라 만세를 부르며 장부를 보면 '이거 뭐야'하는 경우가 정말 많다.

부정행위, 불량채권 은닉 등 앞세대가 해온 좋지 못한 일에서 생긴 청구서가 전부 뒤를 이은 사장에게 떠넘겨지는 것이다.

게다가 앞세대의 오너는 지금도 회장이나 특별고문으로 후대 사장의 머리를 꽉 누르고 있다. 따라서 '당신에게서 받은 장부를 확인했더니 이런 문제가 있었다. 당신을 특별배임죄로 고발하겠다'같은 말은 할 수가 없다.

결과적으로 후계자가 선량한 사람일수록 앞세대가 저지른 나쁜 일을 걸머지고 부정에 부정을 거듭하는 결과가 된다.

그러던 끝에 회사는 기울어 그 책임까지 전부 떠안고 기자회견에서 땅에 머리를 박듯이 하여 사죄하게 되는 것이다.

수십 년 동안 앞세대의 수족이 되어 열심히 일한 사람에게 이이상 심한 일은 없을 것이다. 내가 후계자라면 평생 동안 선대를 원망하고 원망해도 분이 풀리지 않을 듯하다.

그렇게 빚을 떠넘기고 자신은 편하게 살려고 한다면 사실 그 자리를 물려준 사람도 잠자리가 뒤숭숭할 것이다.

그런 일이 일어나지 않도록 하기 위해서는 창업자가 후계 사장에게 물려줄 때부터 회사의 악폐를 전부 끄집어내어 깨끗하게 청산한 다음에 물려주어야 한다. 지저분한 것은 모두 자신이 처리하는 것, 바로 창업자로서 책임 있게 행동하는 것 아닐까?

그렇기 때문에 회사 안에 고름을 만들어두지 말아야 하고, 그러기 위해서 디스클로즈, 정보 공개는 필수적이며, 그것은 결국 경영자 자신을 구하는 것이 된다.

:결단력이 없는 경영자
문제를 보류하면 만회가 안 된다는 걸 알아라

많이 있지요? 금연 못하는 사람.

자신은 나름대로 의지가 강하다고 생각하는 사람은 '금연이란 언제든지 할 수 있어'한다. 언젠가는 금연해야겠다고 생각하면서도 내일부터 라고 미룬다. 우연히 그 날이 금요일이기라도 하면, '다음 주 월요일부터 해야지'하고, 월요일이 되면 '곧 설날이잖아. 새해부터 하자'고 또 미룬다.

그런 건 의지가 강한 게 아니다.

결단이라는 것은 뭔가 어려운 것이 있기 때문에 당장 하지 않으면 안 되는 것이다. 자신의 심복인 사원을 해고한다든지, 거래처를 바꾸는 일, 경쟁이 치열한 시장에 진출하는 일 등은 정말 힘들다.

그 힘든 게 싫으니까 보류하고 마는 것이다.

경영자는 그래서는 안 된다.

스스로는 결단했다고 생각하는 사람이 가장 문제다. '어쩔 수 없어. 저 사람을 자르자'고 마음속으로 정했다면 그게 본인에게는 결단한 것이 된다. 그렇지만 하루 이틀 미루어둔 채 통고하지 않다가, '이제 곧 설이니까 해가 바뀌면'이 되어 버린다.

나도 경영자라서 그런 기분을 모르는 게 아니다. 정말 마음 아프고 괴롭고 슬프다. 그렇지만 경영자는 주주나 사원에 대해 커다란 책임을 지고 있는 존재이다. 자신이 아프기 때문에 보류한다는 것은 주주나 사원의 소중한 재산을 낭비하는 게 된다.

그렇다면(실은 나도 동정하고 싶은 기분이 되지만) 경영자 실격이라고 해도 할 말이 없는 것이다.

경영자는 정말 괴롭구나 하는 생각이 든다.

담배를 예로 들었지만, 끊으려고 결심한 사람이라면 금연 정도는 지금 당장 그 자리에서 실행하라.

:책임을 전가하는 경영자
최종책임을 질 마음이 없는 사람은 회사를 경영할 자격도 없다

나는 대기업이나 관청 같은 데서 가장 대단한 존재는 과장보좌가 아닐까 생각한다. 사장이나 장관이 하는 말은 사실 과장보좌급의 사람이 원고 초안을 써주는 예가 많다. 경영 전략이라는 것도 기업의 경영기획실 같은 곳에 있는 과장보좌가 만든 것이다.

말하자면 과장이나 부장, 이사는 과장보좌에게 "너한테 일임한다."고 말하고는, 일이 다 되면 "음, 좋았어. 여기만 좀 고쳐."한다. 그리고 상사에게 보고할 때는 "저희들은 이렇게 생각합니다."하고 보여준다. 즉 좋은 것만 자기가 차지하는 것이다.

이것 자체야 뭐 계층사회인 회사 안에서 어쩔 수 없다. 그렇지만 문제는 뭔가 나쁜 일이 생겼을 때이다.

지금까지 줄곧 '제(저희들)가 생각했습니다'라고 하다가, 갑자기 아랫사람을 보고 "당신 때문에 이렇게 됐잖아. 당신이 책임져!"하는 것이다.

이런 식으로 책임을 아랫사람에게 전가해서 회사 전체의 문제가 결국 과장보좌의 책임이 되는 것이다.

그 증거로 기업이나 관청에 스캔들이나 부정행위가 생기면 체포되는 사람은 대개 과장보좌 자리에 있는 사람들이다.

온갖 어렵고 지저분한 일을 떠맡아 하고, 최후에는 책임까지 져야 하는 것이다. 경찰에 구속되면 그 사람은 인생이 엉망진창이 되는데 그처럼 불쌍한 경우가 없다.

　이사나 부장, 과장이 책임을 지지 않는다면 그 책임은 무엇보다 경영자에게 있다고 생각한다. 경영자가 책임을 회피해왔기 때문에 간부들도 책임을 지려고 하지 않는 회사가 된 것이다.

　이사나 부장, 과장도 경영자로부터 책임을 떠맡고 있는 것이어서 자기 밑에 있는 사람에게 돌리고 돌려서 책임을 전가하는 경우가 된다.

　모두가 서로 책임을 전가해버리면 그런 회사는 언젠가 망한다. 장래성이 있을 수가 없다. 회사가 어려운 상황에 빠지면, 모두가 회사를 버리고 말 것이기 때문이다.

　그래서 경영자는 '최종책임은 내가 질 거야'하는 마음가짐으로 일하고, 실제로 그렇게 행동해야 한다.

　나는 언제나 "최종책임은 내가 지니까 세계가 깜짝 놀랄 만한 대단한 제품을 만들라구."하고 말한다.

　그러면 반드시 사원이 움직여주고, 실적도 올라간다.

　책임을 회피하기보다는 전부 끌어안고 헤쳐나가는 편이 경영자에게도 확실히 이득이다.

:훈장을 받고 싶어하는 경영자
몇 년 했다는 것보다도 무엇을 했는지로 평가받고 싶다

　나 같은 사람에게 훈장을 주겠다는 이야기가 몇 번인가 있었다. 그렇지만 지금까지 전부 거절했다. 애써서 회사를 크게 키우고, 이제 겨우 그린차(여객철도 중에서 설비나 서비스가 좋고, 특별 요금을 징수하는 차량 : 역자주)를 탈 수 있게 됐다. 옛날 같으면 1등차다. 그런데 왜 이제 와서 3등석(훈장의 등급이 3등급 : 역자주)에 타야 하는가 하고 거창하게 말하면서 말이다.

사실 훈장이 싫은 건 '당신은 훌륭한 일을 했습니다'하는 것에 대해 받을 수 없기 때문이다.

대체로 훈장은 오랜 세월 어디어디 조합이나 협회 임원으로 근무한 공적에 대해 주어진다. 이상한 이야기가 아닌가?

어느 곳에서 오랜 세월 있었다는 것이 대단한 걸까? 그 사이 아무것도 안 하고 세월만 보낸 임원에게 훈장을 줄 정도로 대단한 것일까? 100년을 있은들 아무것도 안 하는 사람보다는, 1년 있어도 멋진 일을 해낸 사람 쪽이 더 훈장을 받을 만하다.

자주 듣는 이야기가 있다. 임원을 18년이나 19년 정도 해왔고 그래서 이제 슬슬 은퇴할 때라고 주위에서 생각한다. 그런데 정작 본인은 '앞으로 2년 버티면 3등급 훈장이 2등급으로 올라갈지 몰라'하고 주위 눈 따위는 상관없이 그 자리에 눌러앉아 버린다. 앞으로 1년, 앞으로 2년 하고 말이다.

임원을 계속하는 것 자체가 목적이 되면 생각하는 것까지 소극적이 되고 만다. 최고경영자가 소극적이면 기업전략도 힘이 없어진다.

이렇게 스피디한 시대에 그 1년, 2년이라는 시간이 조직에 돌이킬 수 없는 해를 입힐 수 있다. 그러면 오랜 세월 임원으로 일해왔다는 것이 오히려 실적이 밑바닥에서 맴돌도록 경영을 잘못한 죄인이 되고 만다.

내가 유일하게 수상한 마이니치경제인 상은 훈장과는 달리 이러이러한 사업을 했다고 하는 공적을 인정받는 것이다. 이것에 관해서는 고마운 일이라 "정말 고맙습니다."하고 받았다.

좀 심하게 말하자면 훈장을 받고 싶은 것 자체가 기업을 앞으로 전진시켜나가는 적극 경영을 하지 못했다는 증거가 아닐까? 그러니까 '슬슬 훈장'이 받고 싶은 생각이 들기 시작한 경영자는 '슬슬 은퇴'를 생각해야 되지 않을까?

:회사의 모든 게 자기 것이라는 경영자
공사를 구별하지 않으면, 회사는 결코 커지지 않는다

특히 벤처기업 경영자 중에는 많은 사람들이 유아독존(唯我獨尊) 즉, 자기가 세상에서 제일이라고 생각한다.

그런 사람일수록 부뚜막 그을음까지 자기 것이라고 생각하기 쉽다.

'내가 돈을 내서 만든 회사야. 내 기술로 탄생한 물건을 팔고 있어. 내가 생각한 비즈니스 모델로 일하고 있어. 그래서 당연히 회사는 전부 내 거야. 회사와는 관계 없는 개인적 식비나 유흥비도 영수증을 받아 경비 처리해서 뭐가 나쁘다는 거야?'라는 식의 논리다.

그런 기분을 모르는 건 아니다. 그렇지만 회사는 어디까지나 공기(公器)라는 걸 이해해야 한다.

남의 자본이 1엔이라도 들어갔으면 공기다. 혹시 100% 자기자본이라고 해도 사원을 한 사람이라도 쓰는 이상 그 회사는 이미 공기인 것이다.

호리바제작소를 주식회사로 만들었을 때 일이다. 당시는 아직 벤처캐피털 같은 존재가 없었기 때문에 내 기술에 기대를 거는 사람들이 10만 엔씩 출자해서 자본금 100만 엔의 회사가 만들어졌다.

그때 들은 이야기가 '공사를 확실히 구별하지 않으면 절대로 응원 안 해줘' 하는 것이었다.

그래서 자본금 100만 엔 때부터 공인회계사에게 부탁했다. 처음부터 사내임원과 사외임원의 수를 같게 했다. 이런 것들 모두가 나 자신이 공사를 혼동하지 않기 위한 안전장치와 같은 셈이다.

재미있는 건 그게 뭐든지 간에 전부 자기 것이라고 생각하는 경영자는 역경에 약하다는 사실이다. 잘 나가던 때는 비위를 맞추어주던 사람도 썰물 빠지듯이 빠져나가고, 나중엔 오히려 자신의 발목을 잡아당기기 시작한다.

또한 회사가 역경에 빠져도 공사를 혼동하는 버릇이 들어버린 경영자는 그 버릇을 고치지 못한다. 그리고 점점 주위의 신뢰를 잃어간다.

그것은 모두 공사를 혼동했기 때문에 생겨난 상처의 고름과 같은 것이다. 공사를 혼동해서 자신의 가계비까지 회사 경비로

쓰는 것은 일종의 횡령이다. 그런 행동을 사원이나 주주가 흔쾌하게 생각할 리 없다.

'회사는 공기' '사장이라는 존재는 주주의 위탁을 받고 그것을 맡고 있는 사람' 그런 기본을 잊어버리는 것은 지금까지 쌓아온 신뢰를 한꺼번에 잃고 말 정도로 위험한 것이라고 생각해도 좋을 것이다.

: 말하는 게 전혀 안 바뀌는 경영자
조령모개(朝令暮改), 가끔 하면 잘 나간다

정석대로 하자면 경영자의 말은 항상 일관되어, 미동조차 하지 않아야 한다. 그게 가장 좋다는 건 말할 필요도 없다. 그렇지만 어떤 때는 일관하다는 것이 단순한 고집에 불과할 때가 있다.

경영자도 인간이기에 그런 판단을 내렸을 경우에는 의견을 잘 수정해서 사원에게 전하면 되지 않을까.

1년 전에 나는 꽤 강한 IT 추진론자였다. IT 시대에 대응할 수 있도록 사내 인프라 정비를 서둘러, e-메일을 사용해 '업무를 효율화하라'는 말들을 계속해왔다.

그런데 나 자신도 알아차리지 못하는 사이에 조금씩 생각이 변하는 것이 사원 눈에 보였다.

e-메일은 편리한 점도 많지만, 귀찮은 점도 많았다. 너무 많

이 와서 힘들었다. 내 경우는 비서가 답장을 하고 있지만, 그 수고가 정말 만만치 않다. 일부러 보내준 e-메일에 답장을 해주지 않는 것도 대단한 실례이니까.

그런 일이 있다 보니 점점 IT 소극론 같은 걸 말하게 되었다. 그랬더니 어떤 사원이 내게 자꾸 의견이 바뀌고 있다는 걸 지적해주었다. '아, 그랬구나, 이러면 안 되는데' 하고 생각했다. 그러자 그 사원이 "그게 오히려 좋습니다." 하고 말했다.

그 사람 이야기는 경영자의 생각이나 철학을 사원에게 침투시키기 위해서는 듣는 쪽 레벨에 맞춰야 한다는 것이었다. 그를 위해서는 적절하게 변화시켜나가는 편이 좋다는 것이었다.

IT에 관해 1년 전 내가 말한 것은, IT로 대표되는 세상의 움직임에 민감해지라는 것이었고, 지금 말하는 것은 자기 나름대로의 비즈니스적 입장(Stance)을 가지라는 것이다. 언뜻 들으면 모순인 것 같지만 실은 모순이 아니다.

몇 십 년 지났는데도 여전히 전쟁 때 이야기만 계속하는 경영자는 사원으로부터 공감을 얻기 어렵다.

특별히 사원의 눈치를 살필 필요가 있다고 말하는 건 아니다.

현재 믿고 있는 것은 가급적 끝까지 믿고, 생각이 바뀌었다면 솔직히 말하는 것이다. 그런 직설적 커뮤니케이션이 사원으로부터 공감을 얻는 경영을 가능하게 해준다면 자화자찬일까?

:경영, 자본, 노동을 모르는 경영자
1인 3역의 경영자라도 입장에 따라 행동 규범을 바꾸라

대부분 벤처기업의 경우, 처음에는 아주 적은 멤버로 시작한다. 10명 이하 벤처기업도 드물지 않다. 그중에는 단 두 사람으로 시작해서 세계적 기업으로 성장한 예도 있다.

인원이 적을 때, 경영자는 문자 그대로 최고 책임(경영)을 지는 것과 동시에 최대의 주주(자본)이기도 하고, 앞장서서 일하기(노동)도 한다. 돈을 내고 판단을 내리고 자기 자신이 일한다. 창업 시기의 기업에서는 흔히 볼 수 있는 풍경이다.

그런데 이렇게 시작한 회사가 점점 커져감에 따라 아주 자연스럽게 경영, 자본, 노동이 분리되어 간다.

주식을 공개하게 되어 경영자는 주식을 50% 가지는 데 그치게 된다. 사원수가 늘어남에 따라 자신이 앞장서서 일하지 않는다. 더욱이 경영 자체에서도 고도의 판단력이 요구되어 프로 경영자로서 판단을 내리는 일에 전념해야 한다.

이렇게 경영, 자본, 노동이 분리되는 것을 이해하지 않으면, 기업은 여러 가지 형태로 비뚤어지게 된다. 결국, 회사의 목적이 주주의 이익을 위해서 있다는 것을 잊고 세금 회피, 세금 줄이기에 혈안이 된다.

자신의 일이 경영판단이라는 것을 잊고, 사원과 함께 신제품 만드는 것에 정신을 빼앗긴다(이렇게 말하는 나 자신도 반성해야 하지만……).

이렇게 해서는 회사가 건전하게 발전할 수 없다.

나는 회사를 극장에 비유하는 것이 알기 쉽다고 생각해왔다.

주주는 극장주, 경영자는 연출가가 아니면 무대 감독, 사원은 배우.

감독에게는 배우를 선택할 권리가 있다. '이런 인재를 모으고 싶어'라는. 그렇지만 동시에 배우도 감독을 고를 권리가 있다. '저런 연출은 참을 수 없어'라며 나갈 수도 있다. 손님이 전혀 들지 않아 극장이 텅 비면 극장주가 화내는 것은 당연하다.

주주와 경영자, 사원은 그런 관계다.

여기서 반드시 염두해두어야 할 것은 극장 규모다. 100명만 들어도 꽉 차는 곳이 있는가 하면, 테이코쿠(帝國) 극장처럼 9000명 이상 수용할 수 있는 곳도 있고, 도쿄돔처럼 수만 명이 들어갈 수 있는 곳도 있다.

감독으로서 생각해야 할 것은 극장 규모에 맞춘 연출을 하고 있는가, 아닌가 하는 것이다. 극장은 테이코쿠 극장 수준이 됐는데도, 소규모 연극을 선보인다면 극장은 텅 비게 될 것이다.

자본, 경영, 노동이 구별되지 않는 기업이 차례차례 해외자본에 매수되어 수술대 위에 올라가려고 한다. 미국 자본가가 들어와서 '내 극장이다. 이익을 내지 못하는 감독이나 배우는 모두 내보내겠다'라고.

지금까지 일본의 많은 기업처럼 노사가 협조하여, 이익은 경영자와 사원이 나눠갖고, 주주에게는 조금밖에 배당하지 않는 '주주 무시'도 좋은 표적이 된다.

이러다가는 미국 자본가가 들어오면 한순간에 끝장나고 만다.

그렇게 되지 않기 위해서는 주식회사의 기본으로 돌아가서 자본, 경영, 노동의 구별을 명확히 하고, 스케일에 맞는 능력을 가져야 한다.

예를 들어 회사가 테이코쿠 극장 수준이 됐을 때 극장주＝대주주였던 자신이 감독＝경영자로서의 자신을 보고, '나는 동네 극장이 딱 맞아'라고 하며 스스로 판단할 수 있어야 한다.

그리고 사장 자리에서 내려와 주주로서 프로경영자를 임명하여, 그 경영자가 회사를 도쿄돔 수준으로 키워준다면 당신의 자산도 엄청나게 불어나게 된다. 그렇게 하면 그 돈의 일부를 사용해 또 작은 회사＝극장을 만들어서 50명 정도의 손님을 모아 사원＝배우와 하나가 되어 즐겁게 회사를 꾸려가는 것도 좋지 않을까.

자기 자신이 만든 회사의 경영자 자리에 눌러앉아 있는 것만이 능사는 아니다. 주주로서, 경영자인 자신을 자를 수 있다.

이런 판단력이야말로 대단히 중요한 게 아닐까.

:일생을 걸 무엇이 없는 경영자
이것만은 절대 양보할 수 없다는 것을 가져라

나는 몇 번이나 포기로 인해 손해보고 후회한 적이 있다. 그렇지만 단 한 가지 '지금까지 없었던 기술을 사용해 물건을 만드는 회사'라는 회사의 기본방침에 대해서는 50년이 넘는 세월 동안 단 한 번도 양보한 적이 없다고 자신한다.

'호리바제작소는 물건을 만들지 않는 회사가 되어서는 안 된다' 이것만은 닥쳐오는 적들과 맞붙어 피를 흘리고 쓰러지는 한이 있더라도 지킨다고 생각하여 몸으로 지켜왔다.

나처럼 포기가 빠른 사람이 보아도 지금의 벤처경영자들이 나보다 더 포기가 빠른 것처럼 보이는 것은 이런 점들 때문이 아닌가 싶다.

물건을 만든다고 생각했는데, 잘 안 되니까 유통업으로 전환한다. 그러고 나서 2년 정도 지나서 만나면 "아, 지금은 호텔을 경영하고 있어."라고 말한다. 이래서는 무엇을 지켜나가는지 알 수가 없다.

경영자는 이해득실이나 자신의 명예, 지위 따위를 전부 버려도, 포기해서는 안 되는, 소중한 무엇을 최소한 한 가지는 가슴 속 깊이 갖고 있어야 한다.

낚싯대를 조금 드리워보고 뭔가 낚았다면 OK, 못 낚을 것 같으면 날렵하게 몸을 빼는 것도 경영상 필요한 일이지만, 그 판단은 자신이 하지 않으면 안 된다. 그런데 그것을 단념해도 괜찮은지, 목숨을 걸고라도 지켜내야 하는지는 스스로 판단해야 한다.

'죽어도 이것만은 계속해 나가고 싶다'는 것처럼 할 만한 일과 만나는 것만큼 인생에서 행복한 일은 없다.

'죽어도 지키고 싶은'것은 '철학'이라는 말로 바꿀 수도 있다. 눈앞에 있는 물건을 시원하게 버려도 좋은 것인가, 그것을 잃으면 자신의 존재가치가 없어지는가는, 자신이란 도대체 어떤 사람인가 하는 '철학'적 사고 없이는 판단할 수가 없는 것이다.

당신에게 절대 양보할 수 없는 것은 무엇인가?

물건 만드는 것인가?

서비스인가?

어디보다 싸다고 하는 것인가?

세상을 움직이는 것인가?

세상 사람들을 행복하게 하는 것인가?

당신이 태어난 지역사회와 연결되는 것인가?

벤처기업을 일으키려고 하는 사람은 회사를 설립하기 전날에 가능하면 종이에 커다랗게 써서 기록해두면 좋을 것이다.

■ 투자하고 싶은 CEO는 누구인가?

투자자들이 투자하고 싶어 안달이 나는 CEO는 어떤 사람일까.

첫째, 끊임없이 아이디어를 제시하고 실행하는 사람이다.

아마존의 제프 베조스는 아날로그 상태의 책을 인터넷이라는 디지털 매체를 통해 판매하는 생각을 가장 먼저 해냈고, 이를 실행에 옮겨 새로운 사업모델 개발을 통해 기업진화를 추구했다.

둘째, 스피디한 사람이다.

신속하게 판단하고 행동하여 기회를 선점한다. 생각하고 행동하면 이미 뒤쳐진다고 하여, 행동하면서 생각하는 과단성을 과시한다.

셋째, 자기연출 능력이 탁월한 사람이다.

스스로에 대한 브랜드 이미지 관리에도 열심이다. 인터넷 관련 기업의 경우 CEO 개인의 능력과 이미지가 곧 기업가치로 연결되는 것이 일반적이다. 손정의가 없는 소프트뱅크, 체임버스가 없는 시스코는 상상할 수 없다.

넷째, 인적 네트워크를 구축하고 동료들과 과실을 공유하는 사람이다.

흐름을 따라가고 사업기회를 포착하기 위해 인적 네트워크는 필수적이다. 성공했다고 인정받는 CEO일수록 지금 상태를 유지해야 한다는 강박감, 성장 속도를 높여야 한다는 다급함, 아이디어 고갈에 따른 불안감 등을 해소하기 위해 네트워크 구축에 열심이다.

다섯째, 집중력에서 타의추종을 불허하는 사람이다.

문제가 발생하거나 의문이 생기면 이를 해결할 때까지 엄청난 집중력을 발휘한다. 근무시간을 정하고 일하는 것이 아니라, 문제를 해결하기 위한 시간이 바로 근무시간인 셈이다.

이러한 요소를 지니고 있다면 분명히 그는 디지털 시대의 성공 CEO일 것이다. 투자자들이 이런 모습을 신뢰함은 물론이다.

삼성경제연구소 · 신현암 수석연구원

Chapter 2

이런 경영, 어떻게 생각해?

20년 전에는 경영을 잘한다고 여겨졌던 것이
이제는 해서는 안 될 경영이 되어버렸다.
미래 지향적인 노력을 계속해도 회사에 해가 되는 경우도 있다.
바람직한 경영이란 무엇인가?
함께 이야기해보자.

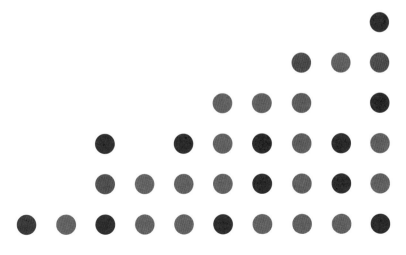

:글로벌화를 추진해야 하나?
국내도 충분히 다지지 않고 글로벌화가 되겠는가?

글로벌화보다는 국내를 다지는 것이 선결과제다

최근 들어 글로벌화라든가 무국경(無國境)이라는 말을 자주 듣게 된다. 인터넷이 퍼지면서 해외와의 거리가 단숨에 가까워졌고, 금융 빅뱅이나 강력한 시장개방이라는 외압을 받아들여 일본 국내시장에 외자계 기업(外資系企業)이 적극적으로 참여하는 사례도 많아졌다.

'당사도 글로벌화를 제일로 추진하지 않으면……' '일본 표준을 벗고, 세계표준 안에서 살아남지 못하면……' 등과 같은 구호를 외치는 회사도 많다.

그러나 나는 '그렇지만……' 하면서 심통쟁이 같은 생각이 든다.

세계에 통용되는 물건을 만든다는 것은 좋은 일이다. 또 생산 방법이라든지, 유통 루트 등을 국제화하는 것은 원가를 낮춘다든지(코스트다운) 속도를 높이기(스피드업) 위해서는 반드시 필요하다.

그렇지만 단지 글로벌화를 '제일로'라는 말에, 그러면 '일본시장은 어떻게 되어도 상관없는가'하는 쓸데없는 참견을 하고 싶어진다.

역시 국내를 다지는 게 우선이다. 국내를 다지지 않고, 성급하게 미국에 가려는 사람이 생각보다 많다. 단순하게 '시장규모가 일본보다 크기 때문에 어떻게 되겠지'하는 생각을 가진 사람도 있다.

그렇지만 거꾸로 말하면 일본에서 안 팔리는 물건이 미국에서 날개 돋친 듯이 팔리는 경우는 거의 없을 것이다.

작은 회사가 해외에 진출한다는 것은 그만큼 힘들다는 이야기다.

처음으로 해외에 눈을 돌리다

호리바제작소가 미국에 물건을 팔러 간 것은 1970년대 일이었다. 그 계기가 된 것은 우리 회사에 커다란 전기가 된 자동차 배기가스측정기라는 제품이다.

당시 공해문제가 심각해져서 배기가스 배출량을 줄이는 것은 일본뿐만이 아니라 세계적인 과제였다. 우리 제품은 통산성과 공동으로 개발한 것이기도 해서 모두들 수요가 확실할 거라고 여겼었다.

그런데 일본 자동차 회사에 이 제품을 가져가니 팔리기는커녕 대부분이 상대조차도 해주지 않았다.

당시 호리바제작소는 이름 없는 회사였고, 자동차 회사 측도 물건이 좋은지 나쁜지는 전혀 고려하지 않고 회사 이름만 보고 상대를 고르는 시대였기 때문이다.

'이거 안 되겠다'생각했다. 그렇지만 포기할 수 없어서'그래, 미국에 팔러 가볼까'생각하게 되었다.

다른 사람들이 "호리바 씨 회사는 대단해, 일찍부터 글로벌화하고." 하는 말을 할 때면 "아니, 우리는 해외지향이라서……." 하고는 덮어두지만, 사실은 거짓말이다.

일본에서 안 팔리기 때문에 어쩔 수 없이 해외에 갖고 나간 것이다. 그게 진짜 이유다.

30kg을 짊어지고 대륙에 나갈 각오는 되어 있는가?

미국으로 진출하려고 생각했다. 그러나 발판이 될 만한 것은 아무것도 없었다. 계약하고 있는 대리점도 없거니와, 일본 종합상사의 도움도 받을 처지가 못 되었다.

어쩔 수 없었다. 그래서 기계를 짊어지고 직접 팔러 간 것이다.

지금은 배기가스측정기가 대부분 한 손으로 편하게 들 수 있지만, 그때는 무려 30kg이나 됐다. 렌터카를 빌려서 트렁크에 싣고는 팔러 갔다. 고급 호텔에 머무를 돈이 없기 때문에 YMCA에 몇 개월이나 머무르면서 활동했다.

내가 목표로 삼은 곳은 미국의 거대 자동차산업이 집중해 있는 디트로이트 거리였다.

그 회사 개발 담당자에게 미리 편지를 띄워두었다. '이런 기계를 만들었는데 보아주십시오' 하고. 그랬더니 '몇 월 몇 일에 오라'는 답변이 왔다. 그래서 30kg의 기계를 들고 가서 설명했다. 들고 난 담당자가 "1주일간 테스트해볼까요."라고 말했다. 상대 공장에 1주일 동안 붙어서서 데이터를 계속 뽑았다.

그렇게 해서 사용할 만하면 겨우 "10대 들여 놓을까."하는 소리를 듣는다. 그때부터다, "어느 나라지요?" 하고 묻고 "일본입니다."라고 대답하게 되는 것은.

미국이 먼저, 일본은 나중에

우리들은 이렇게 제품 테스트나 데몬스트레이션을 해나가면서 포드나 GM을 하나하나씩 공략해 들어갔다. 그렇게 되니 재미있어졌다. '미국 빅 3가 채용했다'는 뉴스가 국내에 퍼지면서, 지금까지 상대도 안 해주던 국내 회사가 "이야기나 한 번 들어봅시다." 하면서 요청해왔다. 이렇게 해서 배기가스측정기는 호리바제작소 총 매출의 40% 정도를 차지하는 대들보로 성장했다.

물건이 안 좋으면 미국에서는 절대 안 팔린다

미국에 물건을 팔고서 깨달은 것은 이 나라는 '물건만 좋으면 팔린다'는 것이었다. 성능과 코스트가 경합하는 다른 회사의 물건보다 좋기만 하다면 채택되지 않을 수가 없는 나라다.

만약 일본이라면 '회사 역사는? 스케일은?'이라든지 '개발자는 어느 대학 나왔어?' 같은 것을 따지는 경우가 많다. 그렇지만 미국에서는 기술력과 생산력, 그리고 기껏해야 애프터서비스 등 물건과 관련된 것에 대해서만 묻는다.

처음에는 그게 불안했다. 연고도 없는 상대한테 달려들은 데다가, 영어도 좀처럼 안 통하고. 렌터카를 타고 황당하게 넓은 들판을 달려가지만, 길조차 잘 모르는 형편이었기 때문이다. 그러나 주절주절 여러 말을 안 해도 '도면, 기계 그리고 그 권리만 확실히 해두면 그렇게 어려울 건 없구나'하고 생각했다.

반면 물건이 안 좋으면 싹둑 잘리고 만다.

납품한 물건이 약속한 스펙을 실현하지 못하면 바로 반품되고, 심한 경우 출입금지 당하기도 한다.

일본이라면 성능은 뭐 그저 그래도, 뒤에서 공작을 해서 이쪽으로 결정하도록 하는 길이 있지만 여기선 그런 게 전혀 통하지 않는다. 엄밀한 의미에서 보자면 개발 담당자나 구매 관계자는 좋은 물건을 판단하는 것이 회사에 대한 의무이기 때문에, 판단을 흐리게 하는 것은 배임행위에 해당한다.

일본에서 '돈 있는 데 인연이 있다'는 말이, 미국에서는 '기술 있는 데 인연 있다'로 바꿔보면 꼭 맞다고 할까.

해외로 진출한다는 것은 돈도 시간도 3배 든다고 생각해야 한다

지금은 일본에서 해외에 물건이나 기술을 팔러가는 회사가 늘어났다.

미국 기업은 기본적으로 해외 기업에 대해 개방적이기 때문에 처음에는 이야기를 들어주기도 하고, 샘플도 사준다. 다소 출자해주기도 하는데 흐름을 타고 해봐서 성과를 내지 못하면 '안 되겠네요' 하고 출입이 금지된다.

해외에 진출한다, 글로벌화한다는 것은 국내에서보다 몇 배 힘 들다는 각오와 연구심, 그리고 그뒤를 계속 이어갈 힘이 없으면 성공할 수 없다.

지금까지의 경험으로 보아 해외기업과 거래 구좌를 가지기까 지, 돈도 시간도 국내에서 같은 사업을 하는 것에 비해 3배나 든 다는 걸 알아두어야 한다.

:해외생산을 해야 하나?

외부에 맡겨도 되는 것과 안 되는 것을 정확히 판단하라

해외생산, 싸기 때문에 좋은 걸까?

제조업체가 해외생산을 해야 하는지는 여러 가지 측면에서 고 민해야 할 점이다. 한때는 동남아시아나 중국의 싼 노동력과 거 국적인 우선조치를 받아가면서 일본기업이 생산거점을 자꾸자꾸 아시아로 옮겨가서 '국내 공동화(空洞化)'라고 불릴 정도가 되었 다.

해외생산을 선택해야 할까?

이것 또한 그 기업의 철학은 무엇인가, 어떤 가치관을 가진 기 업인가? 의 문제다.

최근에 캐쥬얼패션 체인 사업을 전개하고 있는 회사가 제품을 중국에서 생산하여, 정부가 세이프 가드(safeguard, 특정 수입품이 국내업자에게 막대한 피해를 입힌다고 판단할 때 발령하는 긴급수입제한조치 : 역자주)를 발령, 수입제한을 검토한다는 이야기가 나오고 있다.

그 회사 입장에서 보면 '같은 상품을 싸게 생산한다' '오더메이드적 요소가 없는 기성품' '일단 공장을 만들어 제조 스탭을 교육시키면, 기술 설비 그대로 계속 생산할 수 있다' '생산에 있어서 특별한 능력은 필요 없다'고 하는 의미에서 해외생산이 커다란 의미가 있다.

들은 바에 의하면 머천다이징, 품질관리 같은 것도 아주 잘 되고 있는 것 같다. 이 회사의 경우는 해외생산에서 성공한 좋은 예라고 말할 수 있다.

회사 입장에서 기본적 체제는 일본에서 기획하고 물건은 아시아에서 만들어 미국이나 유럽에서 판매하는 것이 비용 면에서도 최선의 선택이 될 경우가 많다.

그렇지만 어떤 회사라도 해외에서 생산하면 잘 되는지는 좀 의문이다.

'이것만은 국내에서'라는 게 있다

현재 호리바제작소는 아시아를 생산거점으로서 그다지 중요하게 여기지 않고 있다. 그 이유는 우리 제품은 대량생산형이 아니기 때문이다.

'ㅇㅇ측정장치'라는 이름은 같아도 한 대 한 대 모두가 사양이 다르다. 새로운 사양의 기계를 만든다는 것은 소비자로부터 지적

받은 문제에 대해 대답할 수 있는 새로운 기계를 생산해내려는 것이어서, 이것 자체가 새로운 개발업무라고도 할 수 있다. 같은 기계라도 끊임없이 바뀌어 반 년 지나면 전혀 다른 것이 된다.

이렇게 매일매일 변화해나가는 제품을 중국에서 생산하려고 한다면, 일본에서부터 정보를 전달하는 것만으로도 대단한 시간과 비용이 들게 된다. 또 현지 제품 스탭에 대한 교육도 한 번만으로 OK가 되지 못한다. 새로운 제품이나 새로운 가공법을 도입할 때마다 생산관리 스탭이 중국에 가서 2주간의 특별훈련을 매달하는 것은 정말 생각할 수도 없는 일이다.

그러면 소비자와 개발거점, 그리고 생산거점 사이에 거리가 생겨버린다. 속도 면에서의 손실이 현재의 기술상황에서는 치명적인 것이 되는 것이다.

한편 해외 각지의 소비자를 위해서 '개발과 생산 스피드를 올리기 위한' 해외 전개는 적극적으로 하게 된다.

미국 회사에 납품하기 위한 제품을 일본 개발진의 지도 아래 미국에서 개발해 미국에서 제조한다.

독일 회사에 납품하기 위한 제품도 일본 개발진의 지도 아래 독일에서 개발해 독일에서 제조한다.

다른 한편 아시아에서 생산되어 가격도 싸고 성능도 좋은 부품은 적극 사용하고 있다. 예를 들어 한국의 부품 같은 것은 일본의 JIS(일본 공업 규격 : 역자주)와 거의 대부분 공통된 규정에 따라 만들어졌기 때문에 우리들 제품에 사용하는 부분도 많다.

이런 형태의 해외 전개는 호리바제작소의 제품에 있어 아주 합리적인 것으로 점점 넓혀가려고 한다.

결국 그 회사 제품이 추구하고 있는 것이 비용인가? 스피드인가? 서비스인가? 그것에 의해 해외생산 방법도 변한다는 게 된다.

다르게 말하면 다른 회사가 해외생산에 박차를 가하는 것에 동요되어 해외생산을 하거나 말거나 하는 것은 기업에 커다란 리스크를 초래하게 된다.

평범한 결론이지만 '세계를 알고 스스로를 알라' 그것이 가장 필요한 것일지 모른다.

: 해외기업과 제휴해야 하나?
힘들여 만든 자회사를 외자(外資) 기업에 빼앗기는 건 큰일이다

해외기업과 손잡는 일은 어렵다

당연한 이야기지만, 아직도 세계는 멀다. 미국 중부 오대호(伍大湖) 주변에 가기 위해서는 10시간 넘게 비행기를 타야 한다. 물론 인터넷이 발달해서 e-메일로 비즈니스 이야기를 하거나, 도면을 보내는 것이야 되는 세상이다.

그래도 역시 사고 파는 이야기가 되면 가보지 않으면 모르는 일이다. 이쪽에서는 잘되고 있다고 생각하고 있는데, 사실은 수만 킬로 떨어진 곳의 단골고객은 대단히 화내고 있는 경우가 있다.

일본에서는 그의 얼굴이 보이지 않기 때문에 전화가 확 끊기는 경우가 있다. 이런 것도 해외와 거래하다 보면 자주 일어나는 일이다.

그렇게 되면 해외거점을 만들까 하는 생각이 들게 된다.

M&A로 적당한 대리점을 사서, 현지거래처를 관리하는 쪽으로 생각하게 마련이다.

그런데 이게 어렵다. 정말 어렵다.

100% 자회사로 만들어서 일본 본사 쪽에서 매니지먼트하려고 하면 세세한 전표 처리부터 견적서 내용까지 뭐든지 묻는다. 손이 많이 가서 뭘 위해 현지법인을 만들었는지조차 모르게 되는 경우도 생긴다.

현지주도형으로 해서 결재든지 뭐든지 맡기면 해외의 일이기도 하고 뭘 하고 있는지 안 보이게 된다.

그런데 가장 좋지 않은 것은 M&A로 대리점을 샀는데, 그 종업원이 도대체 뭐하는 회사인지 모르는 곳에서 일하는 건 싫다고 말하며 그만두고 마는 것이다.

몇 억 엔이라는 거금을 들여 현지 거점을 만들었는데 남는 것이라곤 사무실과 임대하는 권리뿐이라는 최악의 사태도 있다.

50%씩의 출자는 피해야 한다

이건 우리 회사의 이야기로 상당히 혼비백산했던 일이다.

배기가스측정기를 어떻게 어떻게 하여 미국 자동차 회사에 정기적으로 팔 수 있게 되어, 정상 궤도에 들어가게 됐을 때다. 우리는 계속YMCA에 머물거나, 아파트를 빌려서 일을 처리하기가 힘들어졌다.

그래서 거점을 만들려고 생각했다. 미국에서 측정기를 하고 있던 회사와 합병회사를 만들었다. '같은 고객을 대상으로 하니까, 손잡고 하면 편리하겠지'하고, 호리바제작소와 그 회사가 50%씩의 출자했다.

지금 와서 생각하면 50%씩 출자하는 것은 그다지 좋은 방법이 아니다. 예를 들어 51%와 49%로 해두면 단지 2% 차라도 어느쪽이 주도권을 갖고 있는지 확실해진다.

그런데 50%씩의 출자는 서로가 대립할 때 어느 쪽도 결정할 수 없게 된다. 처음에는 별 문제 없었다.

그러다가 엄청난 일이 벌어지고 말았다.

'정신 차리고 보니 회사는 남의 물건!'이 되지 않도록 신경 써라

제휴회사는 결국, 우리 현지법인의 모기업이다.

그런데 어느 날 대기업에 M&A 되어버리고 말았다. 당연히 50%씩 출자해서 만든 회사도 자동적으로 대기업으로 합병되고 말았다.

내가 미국에 있을 때였다.

심장이 멎는 줄 알았다.

어느 날 한 미국인 남자가 나타나 '이제부터 내가 사장이다'라고 말하는 것이다.

그때까지 제휴회사가 사장을 정하게 되어있었다. 경영진이 바뀌니 사장도 그쪽 회사에서 나오는 건 이치에 맞는다.

그렇지만 엄연히 제휴회사가 있고, 게다가 50%나 출자했는데 아무런 예고도 없이 불쑥 새로운 사장을 임명하는 일은 생각조차 할 수 없었다.

그때부터 굉장히 시끌벅적해졌다. 서류 처리 방법 하나도 지금까지 해온 것과 완전히 달랐다. 일본 대기업 정도까지는 아니지만, 별 것도 아닌 돈을 쓰는 경우에도 사인이 5개, 6개씩 필요하게 되었다.

그 현지법인은 그때까지 호리바제작소의 자동차 관련 회사를 대상으로 한 상품을 취급하고 있었다. 이 외에도 가전 회사나 정밀기기 회사에 납품하는 제품이 있었지만, 그것들은 별도의 통로를 통해 판매하고 있었다.

그런데 새롭게 '내가 사장'이라며 나타난 남자는 그것들을 포함해서 모조리 그 회사를 통해서 하라고 했다.

지금까지 도움을 받아온 대리점과의 관계도 있기 때문에 당연히 '그건 안 돼'라고 말했다. 그러자 그 사장이 태연하게

"그렇다면 호리바제작소를 매수하겠습니다."

하는 것이었다.

현지법인이 아니라 교토 본사를 말이다. 호리바제작소 자체에 M&A를 걸겠다는 것이다.

그때만은 나도 겁이 덜컥 났다.

혼비백산하여 날듯이 일본에 돌아온 나는, 우선 은행 등에 부탁해서 안전하도록 주식을 과반수 이상 모았다.

그것으로 우선 일본 호리바제작소 쪽은 안전하게 되었지만, 더 이상 상대와 파트너로 함께 있을 수가 없었다. 결국 그 현지법인의 주식을 100% 사게 되었다.

그때 이후 우리는 해외법인은 100% 출자의 완전 자회사를 기본방침으로 세웠다.

이러쿵저러쿵 해도 일본 기업은 단련되고 단련된 미국기업과 계약회사로서의 파트너 관계를 유지하기에는 아직까지 너무 순진하다고 생각한다.

제휴에 관해서는 변호사와 상담해서 아무리 신중히 해도 지나치지 않는다. 한 번 크게 혼쭐이 나본 내가 가장 잘 아는 일이다.

:IT를 적극 도입해야 하나?
좀 뒤처지는 편이 이득이 되는 때도 있다

머리 아픈 IT 투자

일본의 비즈니스 관행도 많이 바뀌었다.

"만날 장소는 나중에 e-메일로 넣겠어요."

"완성 이미지를 디지털카메라 사진으로 붙여놓겠습니다."

따위의 일들이 당연한 것처럼 되었다.

해외 거점으로부터 도면을 첨부파일로 받아 그것으로 의견교환이 가능해지기도 하고, 해외로부터 발주도 e-메일로 받아 금방 처리할 수 있게 되었다.

e-메일이나 인터넷을 잘 이용하면 이만큼 편리한 게 없을 것이다.

반면 경영자를 고민하게 만드는 것도 이 IT 투자라는 것이다.

투자가 아니라 필요경비가 되어 있지 않을까?

컴퓨터를 도입했다는 면에서 우리 회사는 빠른 편이다. 수십 년 전에 들여와서 적극적으로 사용하고 있었다. 전용회선을 사용해서 미국과 전자회의를 하는 일도 옛날부터 하고 있었다.

그렇기는 하지만 이 IT라는 게 터무니없이 돈이 드는 일이다. 그때그때 가장 최신의 컴퓨터를 들여오면, 필연적으로 업무 흐름을 변화시키기 때문에 처음에는 엄청나게 일하기 어려워진다. 이제 좀 사용할 만하다 싶어지면 '이 기계는 낡았어' 하는 소리를 듣게 된다.

다시 처음부터 시작이다.

뭐가 어찌 됐는지 사고 적응하고 또다시 사는 일이 반복된다. 게다가 소프트웨어를 비롯하여 여러 가지 프로그램도 다시 설치하거나 구입해야 한다. 도대체 얼마나 돈을 먹으면 성에 찰까 하고 컴퓨터에게 독설을 퍼붓고 싶어질 때가 많다.

IT는 어디까지나 돈을 들여서 나중에 회수하는 '투자'여야 한다.

'IT를 도입함으로써 인건비를 이 정도 줄일 수 있다. 잔업시간이나 출장비가 이 정도 줄어든다. 사원 한 사람의 생산성이 이 정도로 향상되고, 그것을 전체적으로 합쳐보면 이 정도가 되니까, 이 정도의 투자를 해야 한다'라고. 이게 올바른 순서다.

새로운 시스템을 도입할 때면 50명 분의 노동력이 없어도 되니까, 그 잉여인력을 신규사업에 투입할 수 있다고 말한다.

하지만 언제나 결과는 다르다. 오히려 시스템을 움직인다든지, 불안정한 시스템을 유지하기 위해서 80명의 인원이 더 필요해질 때도 있다.

IT는 지금의 비즈니스 사회에서는 투자라기보다는 세금에 가까운 게 되어버린 것 같다.

IT가 없는 기업은 비즈니스 경쟁에 참가해서는 안 된다고 여겨지기도 하는데, 많은 업계에서 e-메일을 사용해 공개입찰을 하고 있다. e-메일을 사용하지 못하는 회사는 참가자격이 주어지지 않는다.

전쟁 직후, 전화가 없는 회사가 있었던 걸 떠올리게 한다.

시스템에는 의외로 보수적인 기술자

호리바제작소는 기본적으로 새로운 걸 좋아하는 회사다. 그렇기 때문에 새로운 기계를 남보다 앞서서 도입해 실패도 거듭했다.

특히 기술개발 부문에서는 선행투자를 많이 해왔다. 그런데 기술자들은 의외로 보수적인 사람들이라 문제에 부딪힐 때가 많다.

어렵게 3차원 CAD라는 대단한 기계를 도입했다.

"이제부터는 드래프터(Drafter, 설계작업대 : 역자주)를 사용해 도면을 그리지 않고 마우스와 키보드로 뭐든지 할 수 있게 됐다. 모두들 대단히 편해지겠지."

하고 말해도 정작 가장 중요한 기술자가

"역시 도면은 그려서 하는 쪽이 좋네요."

하고 시큰둥하게 대답한다. 이러면 안 된다.

50년 전의 IT는 자동차였다

IT 도입 이야기가 나오면 언제나 떠오르는 것이 호리바제작소가 처음으로 자동차를 샀을 때 일이다.

1953년 한국전쟁이 끝나고 호리바제작소가 주식회사로 바뀐 50년대 세상은 점차 자동차 세상이 되어갔다. 회사에서 자동차를 갖고 있다는 건 대기업이나 운송회사 외에는 생각지도 못했다. 그러던 것이 자동차 값이 싸지고 우리처럼 작은 회사도 자동차를 사용할 수 있게 되는 예가 늘어났다.

'이제부터 자동차 시대다. 뒤떨어져서는 안 된다' 하는 사람들이 나오는데, IT하고 완전히 똑같다.

호리바제작소도 회의를 열어 기탄 없이 서로의 의견을 주고받기 시작했다. 이러쿵저러쿵 해도 새로운 걸 좋아하는 호리바제작소의 사람들은 알게 모르게 모두 사고 싶다는 쪽으로 의견이 일치했다. 그런데 그 사용 방법에 대해서는 결정하기가 쉽지 않았다.

"그건 납품에 사용하면 편리하니까, 트럭을 사자."

하는 사람이 있는가 하면,

"그런 건 운송회사에 맡기면 되지. 그것보다 손님을 교토역까지 맞이하러 가는 목적으로 승용차를 사야 해."

하는 사람도 있었다. 그런 식으로 의견이 팽팽했다.

그리고 또 자동차를 사면 누가 운전하는가 하는 이야기도 있었다.

"역까지 손님을 맞으러 가기 위해서라면 사장이 운전해야 해. 상담 전에 서로 인사해 분위기를 띄우기도 좋고." 하는 의견이 있었다.

그런가 하면 "그런 짓을 하면 오히려 더 비싸게 먹히잖아. 사장 월급이 도대체 얼마라고 생각하는 거야?" 같은 반론도 있었다.

그런 회의를 그럭저럭 반 년은 했다.

생각해보면 우리 회사는 그때나 지금이나 전혀 변하지 않았다.

'야아, 대단하군. 정말 대단해' 하면서 구경만 해도 좋을지도

결국 IT도 이것과 한가지라고 생각한다.

'이제부터는 ㅇㅇ시대다' 하는 소리를 듣고, 시대에 뒤떨어지지 않기 위해 '어떻게 하면 좋을까' 하고 초조해하는 사이 이미 당연히 있어야 할 존재가 되고 만다.

우리들이 '자동차를 어떻게 할까' 하는 것으로 반 년 동안 갑론을박한 것이 해학이 되어버린 것처럼, 'IT에 어떻게 대응할까'를 고민했던 것이 '왜 그렇게 그런 일에 심각했었지?' 하고 생각할 때가 반드시 온다.

그렇다고 하면 무리해 많은 돈을 써서 시대를 앞서가지 않아도 좋지 않을까 하는 생각을 최근 하게 되었다.

세상이 얼굴색을 바꿔가며

"IT! IT!"

하고 외쳐댈 때는 '아아, 대단하군. 정말 대단해' 하면서 구경하고 있으면 된다. 뭐, 최소한 비즈니스에 지장이 되지 않을 정도로 투자를 해두고 말이다.

그러면 성공한 예, 실패한 예가 세상에 산더미처럼 넘쳐나기 때문에 그것을 보고 전략을 세우면 된다.

큰돈을 들인 시스템이 쓸모 없는 무용지물이 되어버리는 일도 없을 것이고, 같은 물건을 훨씬 싼 가격으로 살 수도 있다.

IT에 관해서만은 지금 10억 엔이나 하는 네트워크가 1년 후에는 10분의 1이 된들 전혀 이상할 것이 없는 세상이다.

:수직조직인가, 수평조직인가?
의미가 있을 수도 있지만, 무시해서는 안 되는 게 직위

수평조직은 일본 실체에 맞는가?

일본이 종신고용 사회였을 때 회사는 수직형이었다.

사원이라면 누구나 평사원에서 과장으로, 과장은 부장으로, 부장은 이사로 승진하겠다는 목표를 갖는 게 당연한 일이었다.

그런데 요즘은 대기업 중에서도 수평적인 조직 형태로 바뀌는 기업이 늘어나고 있다. 외자계 기업 등은 부장도 과장도 없이, '당사에는 경영책임자(CEO)와 스페셜리스트와 비서 이외의 직급은 존재하지 않는다'고 하는 곳이 늘어났다.

확실히 이건 합리적인 이야기다.

옛날의 회사라면 경영 의사는 부장회의 - 과장회의 - 과내 미팅과 같이 단계를 거쳐 내려오는 것이지만, 지금은 e-메일로 순식간에 전달된다.

단순히 경영판단을 전하는 역할을 하는 부장이나 과장은 필요

없는 것이다.

예전 텔레비전 프로그램에서 회사를 무대로 한 코미디를 보면 부장이나 과장은 반드시 도장을 찍는다.

하지만 최근 기업 내 시스템에서 휴가 신청이나 교통비 정산 같은 것도 온라인으로 처리하게끔 되어 있기 때문에 그런 의미에서도 직위는 필요가 없어졌다.

이런 이유로 경영자는 좀더 합리적인 조직을 만들기 위한 노력을 게을리해서는 안 된다.

그렇다고 조직을 지금처럼 그대로 두고 부장을 제너럴매니저라 하고, 과장을 매니저라고 이름만 바꾸는 것은 의미가 없다.

일본적 가치관을 무시해서는 안 된다

좋은 건지 나쁜 건지 판단은 별도로 하고, 예전부터 가지고 있는 일본만의 가치관이 있다. 그래서 거기에서 간단히 벗어난다는 것이 좀처럼 쉽지 않다.

예를 들어 이런 예가 있다.

아이를 태운 유모차를 밀고 가는 부인 세 명이 있는데 서로 남편 이야기를 하고 있다.

"우리 남편은 현청(일본의 행정단위의 하나인 현의 청사 : 역자주)에서 과장보좌를 하고 있는데요……."라고 말하거나

"우리 남편은 이제 겨우 전문상사에서 계장이 됐어요."

하고 말하는 것은, 어느 것이든 지금까지의 일본문화 안에서 확실한 뿌리를 둔 단어이기 때문에 알기 쉽다.

그런데

"벤처기업에서 서브매니저를 하고 있어요."

라고 말하면 쉽게 이해하지 못한다.

뭔지 이상한 일을 하고 있는 것 같은 느낌이 든다.

농담 같지만, 꼭 농담만은 아니다.

이처럼 사회적 지위를 인정받고 있는가 그렇지 못한가는 회사 바깥 생활만이 아니라, 일 자체에도 깊이 관계되는 것이다.

자신이 세상에서 인정받는 존재라고 생각할 수 있다면 더욱 자신을 갖고 일할 수 있다.

그래서 경영자가 조직을 만들 때는 사원들의 그런 기분까지 감싸안을 수 있는 조직을 만들어야 한다고 생각한다.

직위가 필요하면 붙이면 된다

내가 회사를 만들고 나서 얼마 후에 우수한 기술자가 필요했다. 대학교수와 교섭해서, 좀 멋있게 말하면 회사 규모 따위는 신경 안 쓰는 인재를 데려왔다.

그로부터 몇 년 후 그 사람이 대학 동창회에 갔다. 거기서 그는 대기업에 다닌다고 으스대는 친구를 만났다. 명함을 보니 '과장'이라고 써있었다.

반면에 우리 회사에 들어온 사람은 비록 작은 회사지만, 여러 가지 제품을 개발하는 리더 역을 하는데도 직위 같은 건 없었다. 조직이 없으니 직위가 있을 리 없는 것이다.

그가 나를 찾아와 이렇게 말했다.

"분통이 터져요. 대학에서는 나보다 훨씬 실력이 떨어졌던 놈이 과장 명함을 갖고 잘난 척하잖아요."

그래서 내가 말했다.

"상관없으니까, 너도 과장이라고 써넣은 명함을 만들어."

바보 같다고 생각할 수도 있지만 '과장'이라는 두 글자로 쓸데없는 열등감을 없앨 수만 있다면 그걸로 됐다고 생각했다.

똑같은 식으로 입사한 기술자에게 나는 '박사학위를 따라'고 부추기고 있다.

이 경우도 박사학위에 커다란 의미가 있을 수는 없다. 학위를 땄다고 해서 그 사람이 훌륭해졌다고는 전혀 생각지 않는다.

그렇지만 그걸 갖고 있는 것으로 동기생과의 회합이나 거래처에 갔을 때 가슴 펴고 걸을 수 있다면, 그것으로 됐다고 생각한다.

장인(匠人)과 같은 사람에겐 역시 이름을 붙여주고 싶다

우리 같은 벤처기업에 입사하는 사람은 크게 두 종류다. 하나는 성실하게 근무해서 승진하고 월급이 올라가는 것으로 만족하는 일반적인 가치관을 가진 사람, 또 하나는 '돈이나 지위는 어떻든지 상관없어, 나는 물건을 만들고 싶어'라며 기름투성이가 되도록 열심히 샘플을 만들어 생각한대로 움직일 때가 가장 기쁘다고 하는 타입의 사람이다.

생각해 보면 지금까지 일본기업의 사정은 후자와 같은 타입의 인간을 모티베이션하는 게 아주 서툴렀다. "힘써주면 과장 시켜줄게."하고 말해도 "그런 거 필요 없어요."라고 말하면 아무 소용이 없지 않겠는가.

그래서 호리바제작소는 사원으로서 능력이나 성과는 별도로 하고, 제각각 맡은 일을 잘하고 있다거나 솜씨가 대단하다고 평가되는 사람에게는 그에 걸맞은 칭호 같은 걸 주어서 평가해왔다.

장인정신이 투철한 사람으로 그 분야에서는 견줄 상대가 없다고 여겨지는 사람에게는 독일어로 대부라는 의미인 '마이스타(Meister)'라고 부른다. 기술 수준만 대단하다고 생각되는 사람에게는 '익스퍼트(expert)' 또 기술자를 잘 돌보고 프로젝트를 종합하는 역에 딱 맞는 사람은 '테크니컬 매니저(technical manager)'라는 이름으로 각각의 능력을 높이 사고 있다.

새로운 일본형 경영을 생각하자

낡은 의미에서 일본형 경영은 제도적인 피로가 누적되어 있다. 옛날식 수직조직으로는 현대 비즈니스를 당해낼 수가 없는 것이다.

그렇다고 단순히 미국형 경영을 수입하는 것만으로는 '힘들어서 죽겠다'는 형국이 된다.

경영자로서 여러 가지 경영 스타일을 연구하는 동시에 자기 나름대로 한 번 더 궁리하고, 두 번 더 궁리해봐서 '경쟁력에서도 뛰어나고' 거기다 '일하는 사람도 행복해지는' 조직을 만들어가지 않으면 안 된다.

말하자면 '새로운 일본형 경영', 이것을 모두 함께 생각해야 하지 않을까?

:부채 제로 경영을 고집해야 하나?
안정감을 얻은 경영이 방심의 원인이 안 되도록

빛을 져서는 그걸 갚기 위해 필사적이었다

솔직히 돈 때문에 고생 많았다. 같은 벤처라 하더라도 또는 매상이 비슷하더라도, 업종에 따라 사용설비 및 운전자금의 양은 전혀 다르다.

우리 경우, 연구개발형 기계제조업이다. 아무리 멋진 아이디어가 있다고 해도 그것만으로는 제품이 만들어지지 않는다. 시작품(試作品)의 실제 시험에서 제품화를 위해 공장에 라인을 만들고, 원재료, 부품설정, 계약, 공장의 제조 스탭 확보, 만든 물건을 보관하기 위한 창고, 운반해줄 운송방법도 생각해야 한다. 그리고 판매점을 확보하는 일까지…….

전부 돈이다. 돈이 있으면 억 단위의 이익을 낳을 수 있는 아이디어도 돈이 없으면 도면 상태인 채로 끝나고 만다.

그래서 자금 끌어모으기는 언제나 필사적인 것이었다. 새로운 제품을 만들려고 할 때에는 은행을 몇 군데고 돌면서 '돈 좀 빌려주세요'하며 설득했다.

그렇다고 그냥 머리만 숙이는 것으로 돈을 빌릴 수 있지 않다. 우선 은행을 설득하기 위해 계획을 세운다. 이 제품은 어떤 소비자에게 어느 정도 팔릴 물건인가, 그 근거가 되는 수학적인 뒷받침은 무엇인가. 또 한편으로 생산을 시작하기까지 어느 정도의 비용이 필요한가, 이 제품 하나로 언제부터 단위 년도 흑자를 낼 수 있는가, 그래서 매년 이자를 물어가면서 구체적으로 언제 전부 갚을 수 있다 등과 같이 구체적인 계획을 세운다.

남의 돈을 사용해 물건을 만드는 것이다. 당연히 상대는 속지 않도록 조심하기 때문에, 그걸 설득하기 위해서는 대단한 에너지가 필요하다.

그리고 융자를 받은 뒤에는 계획대로 일을 진척시켜 물건을 만들어판다. 여기서 이익을 올려 은행에서 빌린 돈을 갚는다는 건 쉽지가 않다. 가끔은 내가 돈 빌리기 위해 일하고 있는 것 같은 기분까지 든다.

이건 상당히 괴로운 일이다.

드디어 부채 제로 경영 실현. 그런데 이익은 대폭 다운

언제부터인지 나는 부채 제로 경영을 경영자의 목표로 삼게 되었다. 공장도, 연구개발 설비도, 은행 융자에 의지하지 않고 실현할 수 있는 기업으로 호리바제작소를 키워나간다고…….

그래서 경영에서 가장 우선 순위를 두고 생각한 것이 '어떻게 하면 하루라도 빨리 無부채경영을 실현할 수 있을까' 하는 것이었다.

그것이 1980년 3월에 실현되었다.

그때 정말 기뻤다.

경영자의 최대 목표가 열매를 맺은 것이었으니 말이다.

그런데 다음 해 결산에 이익이 급격하게 내려가고 말았다.

경영에 방심해서는 안 된다. 하지만……

그 이유는 한 마디로 말해 방심했기 때문이었다.

無부채경영을 실현하기 전까지는 남의 돈으로 공장을 움직여왔다. 이것만으로도 긴장감을 느낀다. 못 갚으면 회사가 날아가기 때문에 그만큼 계획도, 사람도, 물건을 만들어 변제해나가는 과정도 신중 그 자체였다. 리스크가 있는 비즈니스는 무서워서 도저히 손을 뻗칠 수가 없었다.

그런데 無부채경영이 되니 전부 자기 돈이라는 생각에 실패하거나 이익이 안 나와도 사장인 내가 책임을 지면 되니까, 리스크가 있는 조건이 있어도 선뜻 응하게 되었다.

'상관없어. 한 번 가보지 뭐' 하게 된 것이다. 이런 형편이다 보니 계획도 엉성하기만 했던 것이다.

無부채경영이 되어도 이전처럼 엄격함을 유지하면서 경영하기만 하면 된다.

그렇지만 사람은 조금 부유해지면 느슨해지게 마련이다. 점심 메뉴도 빚을 지고 있을 때는 B급 정식으로 했던 걸, 안심이 되니 A정식으로 한다. 그러면 칼로리도 높고 뚱뚱해져 움직임이 둔해진다.

악순환이 반복되는 것이다.

엄밀히 말하면 無부채경영이라고 해도 차입금이 없는 것뿐이지, 주식 자체가 빚 같은 것이다. 그런데 이자가 붙고 반드시 갚지 않으면 안 되는 것과 배당을 내면 된다는 것과는 역시 다르다.

운 좋게도 호리바제작소는 無부채경영 뒤, 이익 다운을 경험했다. 그래서 다시 한 번 허리띠를 꽉 졸라매고 어려움을 뛰어넘을

수 있었다. 인생은 호사다마라는 말이 이렇게 딱 맞을 수 없다는
생각이 들었다.

여유가 생길수록 몸 관리를 엄격하게 해야 한다.

경영은 확실한 원인과 결과의 장사라고 할 수 있다.

:벤처기분인 채로 괜찮은가?

강해지기 위해서는 오기를 부려야 할 경우도 있다

당신에게 버려진 '에베레스트 동지'는 어떻게 되나?

벤처라는 단어의 의미는 모험이다.

모험이란 '지금까지 누구도 오른 적이 없는 산에 오른다' '요트
를 타고 세계일주를 한다' '개썰매를 타고 남극점에 도달한다' 등
과 같은 것이다.

지금까지 남이 발을 들여놓은 적이 없는 영역을 개척해나가는
것이 벤처정신이라고 생각한다.

어떤 분야이든 관계 없이 벤처기업으로 태어난 이상 벤처정신
을 계속 지켜나가지 않으면 안 된다. 그렇지만 모험심만으로 경
영한다면 이것만큼 불안정한 것이 없다.

항상 새로운 영역에 도전한다는 기분의 벤처정신, 다른 한편 견
실하게 이익을 올려 주주에게 환원해나간다고 하는 냉정한 경영
판단, 이 양쪽이 균형 있게 조화를 이룰 때 비로소 한순간 화려했
다가 사라지는 불꽃놀이가 아니라, 계속 타오를 수 있는 벤처기

업으로 성장해나가는 것이다.

앞에서도 얘기했듯이, 물건을 만드는구나 생각했더니 어느 새 접객업을 시작하고, e-비즈니스를 접목한 개호(介護) 비즈니스 등과 같이 (내 눈으로 보자면) 절묘하게 업종을 뛰어넘으며 벤처 기업을 경영하는 사람도 있다.

지금 잘 나가면 그뿐이지 앞으로 어찌되든 상관없다는 식으로, 에베레스트 산에 올랐다가, 이번에는 아마존 강을 건너가고, 그 다음에는 도버 해협을 헤엄쳐서 건너는 것과 같은 것이다.

자신의 모험심＝벤처정신은 만족될지 모르지만, 그것 때문에 에베레스트 산을 함께 올랐던 동지들은 어떻게 되는지 묻고 싶 다.

자신의 모험과 노력으로 어렵게 도달한 장소인 이상 자신의 손 으로 마지막까지 잘 갈고 닦아서 그곳에서 번영하려고 했으면 좋 겠다.

'우리가 안 하면 누가 하랴'는 자만까지도 소중히

'일본 원조 벤처'로 불릴 때도 있지만, "호리바제작소는 뭐하는 회사죠?" 하고 물으면 '지금까지 없었던 분석기계를 개발, 제조 하는 회사'라고 대답한다.

앞으로도 큰 일만 없다면 '분석'이라는 틀에서 벗어날 생각은 없다.

그래서 '분석'이라는 영역 안에 '지금까지 누구도 손대지 않은' 구멍과 같은 작은 부분이라도 발견하면 회사 주변에서 '호리바

씨 부탁합시다'하는 분위기가 되어서 외면할 수 없는 경우가 있다.

물론 우리들은 분석으로 돈을 벌고 있지만, 분석이라면 뭐든지 유망한 건 아니다. X선에서 적외선까지의 파장을 사용한 분석기계는 풀라인 개발체제인데, 전부 돈이 되는 건 아니기 때문이다.

자외선, 적외선 관계의 분석기라면 시장이 확실하다. 그렇지만, 이것이 X선에서 원적외선이 되면 어디까지 잠재 시장이 있는지 가늠하기 어려운 면도 있다.

수요라는 것이 존재하니까 최소한 몇 대 정도는 팔릴 것이다. 그렇지만 개발투자, 설비투자에 걸맞은 시장 규모가 어느 정도인지는 예측하기 어렵다.

그런 경우에 호리바제작소가 하지 않는다면, 세계의 그 누가 할까? 누구도 하지 않는 건 아닐까? 이 분야는 우리가 묻어두고 가면 안 된다고 판단해왔다.

히말라야 연봉 중에 아직 아무도 밟지 않은 산이 있는데 누구도 오르려 하지 않는다면, 에베레스트 산에 최초로 등정한 사람이 연봉에 도전하고 싶어지는 건 당연한 일이다.

아까 말한 원적외선을 사용한 분석기계라든지, 그 외에 빛 대신 적외선을 유리섬유 안으로 통과시키는 '적외선 화이버' 등을 개발한 것은 일종의 사명감 때문일지도 모르고, 나쁘게 말하면 수집벽 때문이다.

이런 부분이 창업 반세기 이상 지나온 호리바제작소에 지금도 남아있는 벤처정신이라 말할 수 있을 것이다.

벤처라는 건 때로는 오기

'호리바제작소가 하지 않으면 누가 하랴'는 벤처정신 때문에 덕을 보는 경우도 많다.

'분석기라면 호리바'라는 유명세가 퍼져 세계로부터 "이런 분석기 만들수 없을까요?"하는 요청이 오게 되었다.

새로운 분야에서 개발을 시작할 때도 호리바제작소가 거대기업은 아니지만, 대학교수들이 모두 알아서 협력해준다. 해외 연구기관 같은 곳에서도 호리바제작소의 이름은 알고 있어서 협력을 의뢰했을 때, 나름대로 대응을 해준다.

이것들은 전부 우리가 '분석기계의 틀에서 크게 벗어나지 않으면서도, 분석기계의 영역은 최대한 메우고 있다'고 하는 사명감과 벤처정신을 갖고 일해온 덕택이라고 생각한다.

이렇게 벤처정신은 '한순간 태워버리고는 끝!'이 아니라, 때로는 오기도 부리면서 꾸준히 해서 꽃을 피우는 것이 아닐까?

:적극적인 정리해고, 해야 하나?
정리해고나 경비 삭감만이 리스트라는 아니다

단지 사원을 해고한다거나 공장 규모를 줄이는 게 참된 리스트라는 아니다

얼마 전에 한 신문기자가 찾아왔다.

"호리바 씨, 여기는 리스트라 안 하십니까?"라고 묻기에 "리스트라는 그렇게 간단하게 하는 건 아니니까!"하고 대답했다.

그러니까 "대단히 편하시네요."라는 소리를 듣고 말았다.

이럴 정도로 일본기업은 지금 눈빛을 달리 해서 '리스트라'를 진행하고 있는 것 같다.

내가 '리스트라'라는 말에 따옴표를 붙인 이유는, 진정한 의미의 리스트럭처링(restructuring)이 필요하고 끊임없이 추진해나가야 하는 것이지만, 일본 기업이 지금 하고 있는 건 그것과는 근본적으로 성질이 다른 '리스트라=감소'라고 생각하기 때문이다.

단적으로 말하면 리스트라는 스크랩 앤드 빌드(scrap and build)다. 한 번 버린 곳에 재건축하는 것이다. 어떤 회사의 본사건물을 해체해서 IT 시대에 걸맞은 설비를 갖춘 새로운 사옥을 짓는 것이 리스트라이다.

또는 나이가 많은 사람들 중에 희망 퇴직자를 100명 모집해, 그 자리에 새로운 기술을 가진 신입사원 200명을 입사시킨다면 이야말로 멋진 리스트라이다.

그렇지만 100명을 퇴직시켜 100명 분의 인건비를 절감하는 것은 단순한 인원삭감에 지나지 않는다.

지금 있는 공장을 100억 엔에 팔아치우고, 여기에 50억 엔을 보태서 150억 엔으로 신규사업을 하는 것이 본래 의미의 리스트라다.

그 100억 엔을 거품경제 시대에 만든 불량채권의 구멍메우기에 사용한다면 본래 의미의 리스트라와는 좀 다른 것이다.

그런 의미에서 내가 "리스트라라는 것은 어렵잖아요."라고 하면 "좋네요. 리스트라를 하지 않고도 버텨나갈 수 있다니⋯⋯." 하는 소리를 듣는다. 그건 다른 문제다.

회사를 조금씩 잘라파는 것으로 이익을 내도 일본 경제는 좋아지지 않는다

지금 일본 기업이 하고 있는 '리스트라'는 본업에서 확실하게 이익을 못 내기 때문에 일어나는 것이다.

'이대로 두면 200억의 적자가 나겠어' '안 되겠어. 자, 공장과 유휴지를 팔아서 100억 엔, 인원을 감원해서 100억 엔⋯⋯.' 이런 식으로 한다.

커다란 회사라면 자산이 몇 조 엔이나 되기 때문에, 이런 식으로 회사를 조금씩 잘라팔면 그 분기의 결산에서 이익을 내는 건 어렵지 않다. 당장은 이익을 낼 수 있다.

그러나 공장이나 유휴지는 처음부터 돈을 내고 구입한 것이고, 사원도 채용 비용을 들여서 입사시킨 사람들이다.

잘 생각해보면 알겠지만, 이런 비정상적인 이익은 회사 자산만 점점 줄어들게 할 뿐이다. 진정한 의미의 영업이익을 내기 위한 자산이 점점 깎여나가는 것이다. 수조 원의 자산을 계속 팔다 보면, 몇 년 동안은 이익이 나겠지만, 결국에는 자산이 제로가 되고 만다. 이건 자살행위가 아니고 무엇인가.

금융위기였던 1999년을 넘어 최근에는 대기업들이 하나같이 좋은 성적으로 결산을 하지만, 내용은 대다수가 이런 식의 회사 잘라팔기로 낸 이익이다. 이렇게는 일본 경제가 호전될 수가 없다.

인재는 다이내믹하게 움직여야 한다

회사 잘라팔기가 아닌 본래의 리스트라는 호리바제작소도 항상 계속해온 것이다. 인재를 불필요한 곳에서 필요한 곳으로 이동시켜왔다.

2년 전에는 본사나 공장의 잉여인원을 서비스 부문에 투입하여 서비스를 보강하기도 했다. 소비자의 목소리를 좀더 직접적으로 흡수할 수 있는 체제를 만들어가기 위해서였다.

본래 고객의 목소리를 듣는 것은 영업의 일이다.

그렇지만 상담을 직접 하는 상대의 대다수는 구매나 자재 부문이다. 실제로 제품을 사용하는 대상이 되는 개발 부문이나 제조 부문에서 한 단계 거치게 되는 것이다.

따라서 기계를 수리하는 일을 담당하는 서비스 부문이라면 당연히 기계가 있는 곳에 가지 않고는 일할 수 없다.

당연히 실제로 기계를 사용하는 기술자들과 접촉하게 된다. 살아있는 말로 '사용했을 때 좋은 점'이라든지 '이런 게 되면 좋을 텐데' 하는 정보를 얻을 수 있는 것이다.

이런 서비스 부문의 강화를 통해 살아있는 고객의 정보가 개발, 제조 부문으로 직접 흘러들어갈 수 있는 조직을 만들었다. 그래서 소비자의 요구를 지금보다 더 잘 반영하여 물건을 만들 수 있도록 한 리스트라를 했다.

냉이도 못 자라날 황폐한 '리스트라'는 안 된다

이런 예뿐만이 아니라, 시시각각 변화하는 시장 정세에 대응할 수 있는 조직 스타일을 정비하기 위해 호리바제작소는 계속 50명, 100명 단위로 인재를 재배치했다. 이런 게 정말 리스트라라고 생각한다.

사원을 줄이고 토지를 팔고 공장이나 빌딩을 파는 리스트라를 계속 하면, 결국 회사는 말 그대로 '냉이도 못 자라날 황폐한' 상태가 되고 만다.

:사원 중시만으로 괜찮은가?
주주를 소중히 하지 않는 경영은 불공평한 게 아닐까?

주가밖에 생각하지 않는 주주로 괜찮은가?

일본인이 기업 주식을 살 때 생각하는 것은 무엇일까?

아마 100명 중 99명은 이 회사 주가가 오르기 시작했을 때 팔면 돈을 벌 것이다. 값이 내려서 손해보면 안 되는데, 이런 생각을 할 것이다.

그렇지만 이건 원래 주주의 역할이 아니다.

본래 주식을 사는 것은 경영에 참가하는 것임에 틀림없다.

돈을 내고 참견도 한다. 그런 지혜를 모아 회사를 키워나가는 것이 아닌가. 그러다가 회사가 커지면, 자연스럽게 주가가 오르는 것이다.

그런데 본질적으로 경영에 참여하려는 생각은 없고 주가밖에 생각하지 않는 주주가 대다수라면 경영자에게 좋은 조언자가 없는 것이니 불행한 일이 아닐 수 없다.

그렇지만 그 책임은 누구에게 있을까?

그것은 전적으로 경영자에게 있다. 지금까지 일본 기업 대부분은 주주를 경영의 틀 안에 넣어주려고도 하지 않았고, 적극적으로 이익을 환원하지도 않았기 때문이다.

주주를 위한 회사라는 발상이 결여되어있다

회사는 인재의 힘으로 움직이고 있다.

그래서 사원을 소중하게 여기지 않으면 안 된다. 그 생각은 중요하다. 그래서 지금까지 일본 기업은 경영자와 사원들만의 것이었다. 주주를 위하는 회사는 놀랄 만큼 부족했다.

총회꾼의 횡포를 막기 위한 대책이라는 명목으로, 대부분의 상장기업이 같은 날 주주총회를 개회하고 있다. 이것은 여러 회사의 주식을 갖고 있는 사람은 주주총회에 참석하지 말라는 것이다.

그리고 주주총회에서 실질적인 회의가 이뤄지는 일도 거의 없다. 경기가 나쁠 때는 총회가 순조롭게 끝나지 않는 경우도 많지만, 회의장에서 비판받으면 의견으로 받아들입니다라고 하면서도 그 후 검토하지는 않는다.

많은 경영자가 '주주 따위에게 돈을 줄 필요가 없어' 하는 의식을 갖고 있는 건 아닐까. 배당을 요구해도 10%만 배당하면 불만이 없으니 그보다는 사원에게 보너스를 더 주고, 임원 상여금도 많이 주고 주주 배당은 조금 줘야지, 되도록이면 사외 유출을 줄여야지.

이런 생각을 하는 사람이 좋은 경영자라고 생각되었던 적이 있다. 이러면 안 된다.

눈앞에 보이는 사원만이 아니라, 눈에 보이지 않는 주주도 생각하라

앞에서 말한 호리바제작소가 배당성향주의로 상장한 것은 주주에 대한 책임을 경영자로서 지기 위해 어떻게 하면 좋을까 생각한 결과 나온 것이다.

경영자는 눈앞에 보이는 곳에서 열심히 일하는 사원에게 마음이 간다. 주주의 존재는 눈에 보이지 않는다. 그래서 주주보다 사원에게 좀더 마음이 간다. 그렇지만 그런 태도는 주식회사를 맡고 있는 경영자로서 실격이라고 생각한다.

'올해 이익은 이만큼이니까, 몇 %를 배당금으로 주주 여러분들에게 나눠드립니다.' 하는 배당성향주의는 부질없는 '조절'이 필요 없다. 주주에 대한 경영자의 책임도 대부분 자동적으로 달성되니까.

사원과 주주 양쪽 중시, 그 균형 감각이 경영자에게 필요하다

지금까지 일본의 주주는 점잖았다. 주가도 배당금도 그럭저럭 있으면 불평하지 않았다.

그렇지만 지금은 외자계 기업이나, 해외투자가들이 일본 기업에 돈을 내고 참견을 하고 있다.

그들은 무섭다. 자기들의 이익이 조금이라도 뺏겼다고 판단하면 금방 소송해버린다.

물론, 사원 중시도 중요지만 그것만으로는 회사가 돌아가지 않는다. 그리고 이제부터는 더욱더 안 돌아가게 될 것이다. 사원과 주주 양쪽 중시, 그 밸런스 감각이 경영자에게는 아주 중요한 것이다.

:무조건 상장만 목표로 하면 되나?
'상장 안 한다'는 선택이 회사를 지킬 수도 있다

'상장을 할까 말까'가 아니라, 상장해서 뭘 하고 싶은가?

이제 와서 새삼스럽지만, 만약 벤처기업을 설립하려고 한다면 꿈을 크게 가져야 한다. 소망했던 모든 것이 이뤄지지는 않지만, 소망하지 않았던 게 이뤄지는 경우는 없다. '창업 멤버 5명과 그 가족이 살아갈 수 있을 정도만 벌면 돼'와 같은 소박한 꿈의 크기로는 회사가 비약적으로 성장할 수 없다. 장담할 수 있다.

그렇다고 해서 커다란 꿈이 무조건 '상장 지향'이라는 것과 연결되어 있는 풍조는 옳지 않다고 생각한다.

주식상장은 기업에서 하나의 지위라고 할 만하다. 그러면 상장하지 않은 회사는 별 볼일 없는 것인가 하면, 꼭 그렇지만은 않다. 산토리도, 이데미쓰코산(出光興産)도 주식을 공개하지 않고 있지만, 사회적 존재의 크기에 대해서는 이론의 여지가 없다.

중요한 것은 '상장을 할까 말까?'가 아니라 '상장해서 무엇을 하고 싶은가?'하는 것이다.

상장은 주주에게 보답하는 가장 좋은 방법

호리바제작소는 상장할 때 '주주에게 보답하기 위해서는 상장하여 회사를 크게 하는 수밖에 없다'고 생각했다.

'호리바의 기술은 괜찮은데'라고 생각해서 소중한 돈을 내주는 사람들이 있다. 그렇기 때문에 공장을 세우고, 제품을 만들어서 세상에 내놓을 수 있는 것이다. 그렇게 고마운 주주들에게 보답하는 것으로 상장 이외의 방법을 생각해낼 수가 없었다.

왜냐하면 상장하지 않은 회사의 주식은 어떤 의미에서 값이 붙여지지 않은 것이기 때문이다.

물론 액면가가 책정되어 있지만, 아무도 모르는 호리바제작소의 주식을 그 가격에 사는 사람은 없을 것이다.

극단적으로 말하면 한 푼의 가치도 없는 것이다.

상장하면 주가가 오르락내리락하기는 할지언정, 주주가 갖고 있는 주식은 유동성이 있는 재산이 된다. 시장에서 사고 파는 주가에 의해 언제라도 팔려고 내놓는 게 가능하기 때문이다.

또한 벤처캐피털과 계약한다는 것도, 상장을 지향하는 사회적 도의적인 책임이 생긴다는 의미다.

다니마치(스모선수를 지원해주는 것을 말함. 교토 다니마치 지역의 한 의사로부터 시작되었다고 해서 유래됨 : 역자주)적으로 무조건 베푸는 지원자와는 달리, 벤처캐피털은 순전히 영리를 추구하는 기업이기 때문에 상장을 하지 못한다는 것은 중대한 배신행위가 된다.

상장해서 회사로부터 쫓겨난 경영자도 있다

다른 한편 상장 지향의 폐해도 있다.

상장은 경리부터 회사 조직까지 투명한 유리문을 달고 세상 사람들이 쉽게 들여다보도록 하는 것이다. 그런데 사내에 감추고 싶은 구석이 있는 회사도 있다. 그런 회사가 무조건 상장하지 않으면 안 될 때는 그것을 덮어두려고 부정행위를 하게 된다.

얼마 전에 하이테크 벤처의 기수처럼 불리며 주식을 상장했던 회사 사장과 폭력단과의 관계가 백일하에 드러나 문제가 된 적이 있다.

폭력단과 관계를 갖는 것은 공인(公人)으로서 절대로 하면 안 되는 것인데, 무리해서 상장하려는 생각을 갖지 않았더라면 그 사장도 그렇게 되지 않았을 것이라고 생각한다.

그밖에도 좋은 기술을 갖고, 사장을 중심으로 아기자기하게 꾸려나가던 회사가 상장을 하고 나서, 적대적 매수에 의한 사냥감이 되어 결국 회사를 뺏기고 마는 경우도 적지 않다.

자신이 만들어서 손수 키워온 회사에서 쫓겨나다니! 이보다 슬픈 일은 없을 것이다.

결론으로 말하자면 안이한 기분으로 상장을 지향하는 것이 아니라, 자신이 사회적인 공기(公器)로서, 상장기업의 경영자로서 적절한 인물인가 아닌가, 그리고 그런 책임 있는 일을 하는 데 만족감을 얻을 수 있는 사람인가, 확실하게 판단하라는 것이다.

: 경영자에게는 취미가 필요한가?
무리하게 즐기면 돈만 날아간다

즐겨도 좋을까 아닐까, 잘 모르는 게 경영자

벤처기업 경영자라고 하면 잠도 자지 않고 24시간 정력적으로 일한다는 이미지가 있다.

매주 해외로 비즈니스 출장을 가서, 마일리지가 무서운 기세로 쌓여간다든지, 중요한 안건에 대해서는 심야에도 회의를 열어 밤이 새도록 철저하게 파고든다든지 하는…….

솔직히 말해 회사를 만들고 나서 궤도에 올려놓기까지 취미나 유흥 따위는 생각할 겨를이 없다. 술을 마시는 것도, 책을 읽는 것도, 즐거움을 위해서가 아니라 경영에 필요한 정보를 모으기 위해서다.

초창기에는 대부분 그렇다.

그렇지만 몇 년이 지나, 회사가 어느 정도 궤도에 올라가면 여러 가지 목소리가 들려온다.

어떤 사람은 사장은 대외적인 얼굴이니까, 취미 한 가지 정도는 가지지 않으면 안 된다고 한다.

그런가 하면 "당신, 회사가 잘 나간다고 해서 골프에 정신을 뺏겨서는 안 돼. 사장이 노는 데 정신이 팔려있으면, 회사가 금방 기울고 만다구." 하는 사람도 있다.

도대체 어쩌면 좋다는 것인가?

경영을 위해서라고 생각하지 않기 때문에 오히려 양분되는 건 아닌지

나는 취미가 없는 쪽이다.

굳이 말하라고 하면 책 읽는 것 정도다. 그렇지만 경영과 관계 있는 책은 읽지 않는다.

지식이나 경험은 눈으로 보거나, 귀로 듣거나, 혹은 코로 냄새 맡거나 혀로 맛보는 것이라고 생각한다.

그중 여러 가지 일을 조직적으로 흡수해가기 위해서 내게는 활자가 가장 맞는다.

그렇기 때문에 나는 무엇을 읽든지 재미를 느낀다.

사회서도 좋아하고, 인문서도 좋아한다. 사상서 같은 것은 배울 만한 점이 많아서 재미있다.

최근에 흥미를 갖고 있는 분야는 자연과학이다.

'생명이 어떻게 태어났을까' 궁금한 마음에 책을 읽고 있다. 인류가 이만큼 과학이 발달해 있어도 아메바 한 마리 못 만든다고 생각하면 새로운 느낌이 든다.

그렇다고 책을 읽어서 지식을 얻고 어딘가에 써먹어 덕을 본다거나, 경영에 응용할 생각은 전혀 하지 않는다.

읽을 때 재미있으면 그것으로 좋다고 생각한다.

어느 한편으로, 아주 확실하게 양분이 되어있다고나 할까. 그래서 취미라고 해야 할 것이다.

사람의 됨됨이가 보이는 골프는 재미있다

나는 골프를 한다.

플레이를 하는 것도 재미있지만, 골프를 하고 있으면 사람이 보이기 때문이다.

의외로 끈질긴 사람, 포기가 빠른 사람, 신경질적인 사람, 아주 강하게 발언하지만 만일의 사태가 발생하면 움츠러드는 사람 등 평소와는 다른 모습으 보게 된다.

골프를 하는 것을 보고 있으면, 그 사람의 됨됨이가 보인다.

기업 제휴를 하기 전에는 제휴처 사람과 골프를 하면 좋다는 사람도 있지만, 글쎄⋯⋯.

노는 가운데 보이는 것이라 재미있는 것이지, 비즈니스의 판단기준으로 삼는 건 무리가 아닐까.

순수한 놀이는 좀체 할 수 없는 시대다

나는 기원에서 노는 것도 좋아한다.

한 시대 전만 하더라도 기원 같은 곳에서 잘 노는 재계인사는 존경받았다고 한다.

그러나, 최근에는 그런 것이 없어지고 말았다.

말하자면 개인으로, 자유롭게 사용할 수 있는 돈이 정말로 적어졌다는 말이다. 그렇다고 회사 돈을 쓰고 영수증을 받아 거짓으로 거래처에게 접대했다고 하는, 그런 건 옳지 못하다.

옛날에는 회사 사장이 전용차 운전사도 자기 돈으로 고용했다.

그래서 24시간 내내 개인 심복처럼 따라다니고, 한밤중에도 언제든 기원에 가자고 할 수도 있었다. 토요일이고 뭐고 없었다. 그 대신, 자기 집 안에 집을 마련해주고 살게 했다.

지금 그렇게 한다고 하면 잔업 수당이다 뭐다 해서 운전사의 월급이 나보다 많아질 것이다.

물론 내 경우 주식 배당이나 강연, 책을 쓰거나 하는 부수입으로 생활하고 있고, 회사 월급은 세금내고 나면 얼마 남지 않는다.

이런 상황에서는 기원에서 놀 수가 없다.

취미가 없어도 특별히 부끄러워할 필요 없다

세상이 먹고 살기 어려워지니까, 경영자도 마음껏 놀 수 없게 되었다.그리고 취미라는 것이 의미가 있는지 없는지는 아직 잘 모르겠다.

정도를 넘어서서 회사 금고에 커다란 구멍을 내지 않는다면 있어도 좋을 것이다. 반면 일에만 전념해 혼을 불사르는 사람은 일에서 즐거움을 발견할 테니 그것도 나쁘지 않다.

:사원에 대한 배려, 필요한가?
사원에 대한 데이터가 아니라, 얼굴을 보면서 말하고 싶다

배려해서 일을 잘해 준다면 누이 좋고 매부 좋고

일본 사람의 낡은 감각으로는 사장이라면 대단한 사람이다. 그래서 사원은 사장에게 신경 쓰지 않으면 안 된다. 제멋대로 행동하는 사장에게 이리저리 휘둘리는 것도 일의 하나다.

한편 사장은 사원에게 배려한다거나 신경 쓸 필요 없다. 그저 의자에 앉자 몸을 뒤로 젖히며 거드름을 피우면 된다는 이미지가 강하다.

왜 그럴까?

그러나 시대는 변했고, 나 역시 사원에게 배려해주는 마음을 갖는 것이 좋다고 생각한다.

사원에게 배려하는 건 결코 사원을 위해서만은 아니다. 회사 분위기가 좋아야 자연히 실적도 올라갈 것이고, 그것은 경영자에게 중요한 메리트가 된다. 사원에게 친절한 미소를 보내거나 일하고 있을 때 한 마디 말을건네는 일은 돈 들이지 않고도 큰 효과를 얻을 수 있다.

속이 훤히 들여다보이는 배려라면 오히려 꼴불견이다

그렇지만 귀찮은 기분이 드는 배려도 있다.

무조건 비즈니스를 위해 배려하고 있다는 느낌을 주는 사람도 있다. 그게 가장 못 견딜 일이다.

얼굴 가득 미소를 띠고, 이쪽이 한 발 나갈 때마다

"아, 발 밑 조심하세요. 우산을 갖고 올 테니까요."

하고 말한다. 그런 사람일수록 자신의 회사 부하 직원에게는 함부로 말하는 경우가 많다.

그리고 그런 사람은 혹시 이쪽 사업이 기울기라도 하면, '돈 있는 데 인연이 있다'며 언제 그랬냐는 식으로 뒷발로 모래를 끼얹는 짓도 한다.

배려라는 것은 역시 자연스럽게 해야 한다고 생각한다.

물론 상담(商談)이나 사적인 만남을 구분하여 생각하는 것 자체가 타산적이다.

경영자에게 비즈니스는 일거수일투족 철학이 반영되어 있어야 한다. 상대를 보고, 이리저리 변하는 것은 철학을 가지고 일관해 나간다는 것과는 정반대다.

배려는 회사 대 회사라기보다는 인간과 인간 사이의 일이라고 생각한다.

거기에 상하관계나, 상담(商談) 등이 개입되면 극도로 우울해진다.

사장과 사원 간에도, 대등한 인간으로서 배려해야 한다고 생각하는 것이다.

'어쩔 수 없지'하는 것도 하나의 배려

호리바제작소에는 기술자가 많다. 기술자는 퍼포먼스같이 화려한 것은 잘 못하지만, 생각한 것 중에 '이것만은 양보 못해'하는 선을 저마다 갖고 말없이 열심히 한다.

"회장님, 월급 좀더 올려주세요."라든지, "이 기계 안 사주면 일 안 해요."같은 말은 잘 못하는 타입이다. 그 사람들이 자기주장을 하지 않는다고 해서, 아무것도 안 하고 커다란 목소리로 자기주장하는 사람들 말만 들어주는 것은 불공평하다.

나는 묵묵히 일하는 사원에게 더욱 마음을 써서, 그들의 기분을 고려해경영영해야 한다고 생각한다.

이것도 자주 듣는 말이지만, 영업이나 총무, 경리 부문에서 근무하다 사장이 된 사람의 경우, 기술에 대해 잘 모르는 경우가 있다. 이것저것 시행착오가 있을 때, "왜 그렇게 쓸데없는 일을 하고 있어."같은 말을 들을 때 기술자들은 정말 괴롭다. 그런 괴로운 경험만은 갖게 하고 싶지 않다.

그렇지만 내 경우 그런 생각이 너무 강해서 기술자들을 엄살떨게 한다는 소리를 자주 듣는다.

실패해도 동정해서 "어쩔 수 없지."라든지 "그럴 수도 있지."같은 말을 한다. 그러면 "회장님이 어쩔 수 없지 하시면, 화내고 있는 전 어떻게 합니까? 찬물 끼얹지 말아주세요."라고 기술자의 직속 상사한테 핀잔을 듣는다. 배려도 너무 지나치면 안 되는 것이다.

그런데 내게 영업이나 서비스, 총무, 경리 부문 사람들 기분을 충분히 알고 있는지 묻는다면 자신있게 말할 수 없다. 그 사람에 대해서도 불공평하지 않도록 신경 쓰는 것 또한 경영자가 염두해 두어야 할 마음 씀씀이의 하나다.

:공평주의인가, 공정주의인가?
사원이 일할 수 있는 조직 만들기는 경영자의 책임

차등 없이 동등하게 한다는 식의 공평주의로 괜찮을 것일까?

사람은 누구나 주변에 신경을 쓴다.

'동기들은 모두 과장이 됐는데, 나만 아직이다'라든지, '나 나름대로는 노력하고 있는데도 불구하고, 월급은 좀처럼 안 올라간다'라든지, 동기들로부터 뒤떨어진 것 같은 기분이 들면 정말 괴롭다.

그러다가 나만 미움 받고 있는 게 아닐까 하는 비뚤어진 생각이 들기 시작한다.

경영자가 차등 없이 입사 동기들을 똑같이 승진시키면 이런 일은 없을 것이다. 이런 이유에서 일본 기업의 공평주의, 차등 없는 동등주의가 생긴 것이라 생각한다.

여기서 '공평'은 '公'과 '平'으로 이루어진 말이라는 사실을 유념할 필요가 있다. 즉 '平'에 익숙해지도록 하는 것이 공평주의다.

애써서 성과를 내는 사람에게도, 대충대충해서 형편없는 사람에게도, 못 본 척하면서 모두 '공평'하게 승진, 승급시키는 것이 '공평주의'이다.

그런 식으로 한다면 애써서 성과를 낸 사람이 의욕을 잃는다. 적당히 해도, 대충대충해도 결과가 같다면 누구나 대충대충 일할 것이다.

농담이 아니라 이런 공평주의가 일본 경제의 활력을 빼앗아간 것이라고 생각한다.

공평주의는 나쁜 악평등에 지나지 않는 건 아닐까.

한편 '공평'에 대한 다른 개념으로 '공정'주의가 있다.

'공정'은 '公(모두)'에 '正(올바르게)'을 쓴다.

당연히 승진이나 승급에서 보답받아야 할 만큼 일해온 사람이 합당한 지위나 급여를 받는 것이다.

기업은 '공평'과 '공정' 중에서 마땅히 '공정'을 선택해야 한다.

사원에게 일은 어려운 것이다. 거래처 담당자와 마음이 맞지 않는다든지, 지금 안고 있는 기술 테마의 난이도가 높아서 해법이 좀체 보이지 않는다든지, 일하면서 받는 스트레스는 얼마든지 있다.

그러나 거기서 엄살부리지 않고 '힘내서 해보자'하고 딛고 일어서야만 일의 성과도 올라가고, 나아가 기업 이익으로 연결되는 것이다.

공평주의라는 악평등은 사원들의 '애쓰는 의욕'을 잃게 하는 요인이 아닐까.

잘 이야기해서 이해시키는 것이 '공정'의 길

이렇게 말하면 "그러면 동기 중에서 뒤쳐졌다는 이유로 생각이 비뚤어진 사람이 불쌍하다고 생각하지 않아요?"하는 의견도 있을 수 있다.

그런 사원에 대해서야말로 확실하게 이야기할 필요가 있다.

지위와 수입이 동기와 차이가 나는 것은 왜일까?

어떻게 하면 앞서간 사람들을 쫓아갈 수 있을까?

데이터를 보여주고, 이해할 수 있도록 설명해주어야 한다. 그런 노력을 아낀다면 이런 사람은 끝없이 비뚤어지고 토라져, 자포자기할 뿐이다.

자기 자신의 문제점을 직시하게 하고 목표를 명확히 세우게 하여 '힘내야지' 하도록 부추길 수 있어야 한다. 물론 그것을 위해 승진, 승급의 판단기준을 공개하여 '공정'하게 운영해야 한다.

'公(모두)' '正(올바르게)'을 실천하는 것은 결국 뒤쳐진 사원이 비뚤어지고 토라지고 자포자기하는 것을 방지하는 길이 된다.

:가족주의 사풍을 남겨야 하나?
가족의 연장선 같은 조직은 독도 되고 약도 된다

강하지만 약한 게 가족적 조직

가족주의는 한 마디로 '모두 사이좋게'라는 것이다.

'재잘재잘 작은 일도 이야기하세요. 기업경영자와 사원은 말하자면 가족 같은 거 아니겠어요. 서로에 대한 배려와 신뢰감을 기초로 일해나가면 되죠'라는.

이런 인간관계로 이어진 조직은 강하다. 무엇보다 서로 신뢰하고 있으니까. 사장님을 위해서라면, 밤낮없이 열심히 일한다고 하는 사원이 몇 명 있으면 회사가 성장하지 않을 수가 없다.

그렇지만, 모든 회사가 다 그럴까?

사원이 10명인 회사에서 가족주의를 지향하는 것은 그렇게 어렵지 않을지 모른다.

그렇지만 사원이 100명인 회사를 하나의 가족처럼 움직이는 것은 아주 힘들다. 사원이 1000명이라면 종교가 뒷받침되지 않는 한 거의 불가능할 것이다.

왜냐하면 가족주의는 명확한 룰이 없기 때문이다.

서로에 대한 배려, 애정을 기초로 하고 있기 때문에 그런 인간관계를 공감할 수 없는 사원이 들어왔을 때는 손들고 만다.

또 가족주의는 상대의 결점을 지적해주기보다는 서로 상처를 핥아주는 관계이기 때문에. "오늘은 성과가 안 올라갔지만, 열심히 했으니까 됐어. 내일은 모두들 힘내자." 하고 선술집에 가서 기분을 낸다.

나쁘게 말하면 호송선단(護送船團, 일본정부가 기업들을 비호하여 세계 시장으로 나가던 일 : 역자주) 같은 것이다. 가족이라는 끈에서는 불쑥 불거져나오는 게 허용되지 않는 것이다.

능력이 없어, 뒤쳐지는 사람을 모두가 끌어주어 함께 가려는 것이 나쁘지는 않다. 그렇지만 조직의 수준보다 앞서 나가는 사람, 남이 10시간 일할 것을 15시간 일해서라도 잘해보려고 하는 사람을 무력하게 만든다.

또한 그런 조직에서는 다른 사원보다 월급이나 보너스를 월등히 많이 받는 사람이 있다면 가족의 끈은 끊어지고 만다.

주위 사람도 "당신 혼자 그렇게 애쓰면, 당신처럼 못하는 사람이 불쌍하잖아."라고 말해서, 결국에는 "뭐, 좋은 게 좋은 거야." 하는 식이 된다.

이렇게 되면 조직은 위기에 약해진다. 어떤 때라도 모두 공평하게 한다는 발상에서는 그렇게 될 수밖에 없다.

그렇다고 조직의 분위기가 인간적인 것 자체가 나쁜 것이 아니다. 동료나 부하를 신경 써주고, 일에 대한 고민도 들어주는 풍토가 없는 조직 또한 약하다.

1＋1이 2밖에 안 되지만 가족주의적인 풍토는 1＋1을 5나 6으로도 만들 수 있다. 그렇지만, 1＋1이 1이 되고 말 때도 있다. 독이 되기도, 약이 되기도 하는 것이 가족주의다.

그래서 경영자는 직장 내에서 서로 돕는 풍토를 유지할 수 있도록 애써야 한다. 월 한 번 정도 회사 차원에서 술자리를 마련한다든지 하는 건 좋은 일이다. 그렇다고 '우리 회사는 가족주의로 가자'고 선언할 필요까지는 없다.

'사장님, 사장님' 하고 따를 때는 좋겠지만, 언젠가 사원에게서 "우리가 바라는 것은 아버지의 애정이 아니라, 경영자로서의 능력입니다."라는 말을 듣게 되면 그것으로 끝이다.

:유비무환 정신은 필요한가?
예측한 리스크는 없앤 후 일한다. 세심한 경영은 필요하다

간이 콩알만해도 좋을지 모른다
다시 말하지만 벤처는 '모험'이다.

그래서 벤처경영자는 스피드한 결단과 과감한 행동으로 기업을 경영해야 한다. 따라서 안전한 벤처는 논리적으로 모순되는 것이다. 그런 탓인지 벤처경영자라고 부르는 사람들 중에는 세심한 경영자를 '소심한 사람' '간이 콩알만한 사람'이라고 경멸하는 풍조가 있다.

나도 그렇게 생각한 적이 있었다. 그렇지만 한 경영자의 이야기를 듣고 그런 생각이 바뀌었다.

진짜 모험가는 소심한 사람이다

나라(奈良)에서 등산용구를 만드는 회사가 있는데, 그 회사 사장은 등산가로서도 유명하여 일본인으로서 처음으로 아이가북벽을 오른 사람이다. 산을 너무 좋아하는, 말하자면 모험가이다.

그 사람은 암벽타기를 할 때 우선 입체사진을 몇 백 장이고 찍어서 분석한다고 한다.

여기에서 이 바위에 손을 짚고, 이 바위에 발을 딛자. 여기는 무너지기 쉬우니 조심해야지. 혹시 낙석이 떨어지면 몇 발짝 옆으로 피해서 이 바위 그늘에서 사태가 진정되는 걸 기다린다 등.

등정을 시작해서 정상에 오르기까지의 순서를 전부 시뮬레이션해 완전히 기억하고 나서 오른다고 한다.

실제로는 처음 오르는 것이지만, 그의 머릿속에는 암벽의 이미지가 전부 기억되어 있다. 그렇게 하지 않으면 절대로 암벽타기에 성공할 수 없다고 한다.

그 사람은 또 보트를 타고 남미의 유명한 폭포를 내려왔다고도 하는데, 그때도 역학적으로 그 부분의 중력이 어느 정도인지 모두 조사해두었다고 한다.

그리고 헬멧과 특별 주문품 등 꼼꼼히 안전장비를 준비하고 나서 성공할 가능성이 있으면, 모험을 시작한다고 한다.

사실 많은 사람들이 그 폭포를 내려오려다가 실패했는데, 그런 사람들은 모두 준비를 철저히 하지 않았다고 그가 말했다.

모험에서 실패하는 사람은 충분히 준비하지 않고 모험심만으로 폭포에 뛰어든 것이다.

치밀한 사업계획 위에서 '헛수고' 하라

벤처도 같은 것이다. 밖에서 보면 쓸데없는 짓을 하고 있는 것처럼 보여도, 사실은 치밀하게 사업계획을 세우고, 마케팅도 착실하게 하고 있다. 그렇지 않으면 기업가로서 살아남을 수 없다.

나도 나름대로는 세심하게 경영한다고 생각해왔는데, 그 사장에게는 항복했다. 아직도 수행이 모자라 헬멧도 쓰지 않고 폭포에 뛰어들었던 적이 몇 번이나 있었기 때문이다.

어쨌든 벤처경영자라는 자리는 어렵다. 정말 세심하면서도 옆에서 보기에는 대담하게 보이지 않으면 안 된다. 경영자는 비즈니스 모델이든 사업 플랜이든 완벽하게 준비하고, 그뒤 "실패해도 괜찮아." "나한테 맡겨." "가자!" 하는 연기력까지 갖춰야 한다.

:경영자는 월급을 많이 받아야 하나?
프로라면 억대 연봉을 요구해도 좋다

미국과 비교하면 너무 싼 일본 경영자의 월급

일본 경영자가 월급이 낮다고 단언한다면 무서운 기세로 반론할 사람이 있을 것이다. "납세자 순위를 보라고. 국회의원과 탤런트를 제외한다면 기업경영자뿐이잖아." 하고.

그렇지만 자세히 살펴보면 기업을 경영하면서 납세자 순위에 오른 사람들은 대부분 오너 경영자이다. 주식이나 토지를 매각해 소득을 얻은 사람뿐이다. 대표이사 급여로 납세자 순위에 오를 만한 사람은 없다.

일본에서는 1부 상장기업 사장이라도 급여에 임원 보수를 합쳐서 겨우 5000만 엔 정도다. 포드나 제네럴일렉트릭, 마이크로소프트, 애플 같은 미국 거대 기업의 CEO 같은 사람들의 경우 5억 엔, 10억 엔을 받는 사장은 흔하다.

기업경영이 그만큼 중요한 프로의 일이라는 인식을 확실히 공유하고 있기 때문에 누구도 불평하지 않는다. 그대신 괄목할 만한 실적을 올리지 못하면 해고당하기 십상이다.

미국은 격렬한 경쟁사회여서, 기업은 무슨 일이 있어도 넘버원을 차지하지 않으면 안 된다. 그러니 그런 어려운 역할을 담당할 만한 유능한 경영자를 불러오는 것이다. 기업의 성패가 걸려있기 때문에 월급도 많다.

한편 일본은 작은 실패로는 눈썹 하나 까딱하지 않는다. 실적이 떨어져도, 몇 천억 규모의 적자를 내지 않는 한 경제 불황 탓으로 무마할 수 있다. 일본 기업 사회는 평온무사(平穩無事)하면 된다는 인식이 있다.

물론 경쟁은 있지만, 가전 회사의 넘버원과 넘버투가 서로 상대를 죽이려고 하지는 않는다. 업계 2위 회사 사장은 2위로 받은 바톤을 2위 그대로 후계자에게 넘겨주면 된다. 그런 역할을 하는 사장에게 월급을 많이 줄 필요는 없다고 생각하는 것이다.

가슴 펴고 '이만큼 줘'라고 말하면 된다

나 역시 기업경영자로서 당당하게 월급을 많이 받을 수 있는 기개를 가졌으면 좋겠다.

"불만 있어? 이 월급으로 나보다 좋은 실적을 낸 사람이 있으면 나와보라고 해."

하고 종업원과 주주에게 말할 수 있는 경영자를 좋아한다.

그렇지만, 일본에는 "솔직히 말해 내 월급은 이 정도니까, 실적이 조금 떨어져도 봐주세요." 하고 변명을 늘어놓는 경영자가 많다.

당당하게 5억 엔의 월급을 받을 만한 경영자가 나오기를 희망한다

일본에서도 제강이나 중공업, 가전, 자동차, 석유같이 도매업자에게 대량으로 물건을 판매하는 업계 중 큰 곳은 매상이 연간 몇 조나 된다. 그 회사 사장이 월급을 5억 엔이나 받아도 전혀 많은 것이 아니다. 사장의 올바른 판단으로 이익이 50억 엔, 100억 엔 올라가는 것도 신기한 일이 아니다. 월급을 3000만 엔 받으며 작년과 비슷한 실적을 내는 것보다는 주주나 사원에게도 훨씬 이득이 될 것이다.

최근에는 종업원의 월급도 성과급으로 점차 변하고 있다.

그렇다면 임원의 보수도 성과급으로 되어야 한다.

월급을 5억 엔 받고, '1년 지나면 봐라. 이렇게 회사가 좋아졌다' '보라. 실적이 이만큼 올라갔다' 그러면서 내년에는 7억 엔 달라고 하면 되는 것이다.

여러 번 말하지만, 외자계 기업이 일본 시장에 들어오는 일이 점차 늘어나고 있다. '우리 회사는 업계 2위면 돼' 하는 회사가 있다면, 한순간에 날아가고 만다. 살아남기 위해서는 경영도 공격적으로 해야 한다. 경영자의 월급은 그 상징적인 표시라고 생각한다.

:사장자리는 세습해야 하나?
결국은 본인이 능력이 있는가, 없는가를 보는 수밖에 없다

한 마디로 나쁘다고만 할 수 없는 세습

창업사장이라면 누구나 후계자 문제에 부딪히게 된다.

이것에 대해서도 의견은 여러 가지다. 세습은 백해무익하다는 사람이 있고, 다른 한편은 회사 안에서 구심력을 가질 수 있으니 되도록 세습하는 게 좋다고 하는 사람도 있다. 정말 어려운 문제다.

나는 '세습은 절대 안 된다'고 자신있게 말할 수 없다. 사실 2대 사장은 배기가스측정기를 개발한 기술자가 되었지만, 3대는 내 아들이기 때문이다.

어렵게 키워낸 소중한 회사를 누군가에게 물려줄 때 어떤 사람이 가장 적합할까? 남에게 물려주기보다는 같은 핏줄을 가진 사람을 사장으로 앉히는 편이 회사에 도움이 될 확률이 더 높을 거라고 생각한다.

경마의 말이나 수렵용 개라도 부모의 성질을 물려받은 새끼가 많다. 가능하면 기업경영을 연속되게 하고 싶으니, 유전에 의해 가치관이나 성격을 물려받았을 가능성이 높은 자녀에게 넘겨주는 쪽이 잘 해나갈 가능성이 높다.

어렸을 때부터 회사를 잘 알고 있어서 이른바 제왕학을 전수할 때, 회사 철학을 철저하게 가르치기에는 역시 자기 아이가 가장 쉽다. 그런 이유로 세습에는 메리트가 분명히 있다.

그렇다고 서러브레드(Thoroughbred, 시속 60km 이상 달리는 말의 한 품종. 혈통이 좋은 사람을 가리킨다 : 역자주)도 그렇지만, 부모와 비슷한 자녀가 있다면 부모와 닮지 않은 자녀도 물론 있다. 부모보다 몇 배나 능력 있는 자녀가 있는가 하면, 안됐지만 경영 재능을 전혀 물려받지 못한 자녀도 있다.

그러므로 반드시 세습 쪽이 좋다는 것은 아니다.

경영 전문가에게 맡기는 이유

1957년 내가 처음으로 미국에 건너갔을 무렵, 규모가 그리 크지 않은 같은 업계의 회사를 방문했을 때 이야기다. 그 회사 창업자와 마음이 맞아 경영에 대해서 이야기꽃을 피웠다.

그 사람에게 아들이 둘 있는 걸 알고 있어서 이렇게 물었다.

"아들은 어떻게 할 생각입니까?"

"큰아들은 연구자가 되고 싶다고 합니다. 작은 아들은 음악가가 되겠다고 하고. 둘 다 우리 회사 경영자로는 적합하지 않아서 전문 경영자를 불러올 생각입니다."

"아깝군요. 아들이 모두 훌륭한데……."

"우선 경영을 좋아하지 않습니다. 싫어하는 일을 시킬 수 없고, 그러면 회사가 잘 될 수가 없죠. 나는 경영자인 동시에 이 회사의 대주주입니다. 만일 무리하게 자식에게 맡겨서 형편없이 경영한다면 주가가 내려가고, 그러면 내 자산도 줄어드니까 큰 손해입니다. 전문가에게 맡기는 편이 주가도 오르고, 나도 안심할 수 있습니다. 재산은 나중에 자식한테 물려주면 되고 모두에게 좋은 방법이라고 생각합니다."

그렇구나. 그런 사고 방식도 있구나 하고, 눈앞에 가려져 있던 베일이 벗겨지는 것 같은 느낌이었다.

자기 자식과 경영의 프로를 저울에 올려놓는 눈을 가져라

중소기업의 경우, 골치를 썩고 있는 아버지들이 많을 거라고 생각한다. 대기업이라면 전문가를 불러올 수 있지만, 중소기업의 경우는 자식이 물려받지 않으면 결국 사원에게 물려줘야 한다는 결론이 나온다.

앞에 이야기한 피터의 법칙에서처럼, 사원으로는 우수해도 경영자가 되면 무능을 속속들이 드러내는 사람이 있다. 그렇다고 해서 자식을 무리하게 설득해 사장으로 앉히는 것도 안 되고…….

결국 자식을 포함한 후보자 중에서 능력이나 의욕을 보고 가장 적절한 사람을 고를 수밖에 없다. '세습이 아니면 안 된다'는 생각도, '세습은 절대 안 된다'는 생각도 비극의 근원이 되고 마니까.

: 경쟁을 싫어하는 경영자, 괜찮은가?
싸우지 않는 지혜도 있다. 싸우지 않으면 안 될 때도 있다

싸우지 않고 살아남는 것도 경영자의 지혜

세상에는 평화주의자가 있다. 본질적으로 경쟁이 싫은 것이다. 각박한 세상에서 그런 사람이 경영할 수 있을까 걱정되지만, 신기하게도 잘 해나가는 경우가 있다.

기업 간의 격렬한 경쟁 속에서 넘어뜨릴 것인가, 넘어질 것인가 하는 싸움이 이어지고 있는 곳에서라면 평화주의는 절대 금물이다. 상대가 나를 넘어뜨려주기를 기다리고 있는 게 되니까.

지금 싸우면 안 되는 기업도 있다.

대다수의 중소기업이 그렇다. 대기업과 싸우면 질 확률이 높다. 대기업과 같은 물건을 만들어서 같은 시장에서 경쟁한다면, 아주 특별한 무엇이 없는 한 이길 수가 없다.

지는 것뿐이면 괜찮다. 경우에 따라서는 큰 상처를 입게 된다. 회사 자체가 무너질 수도 있는 중상을 입기도 한다. 회사가 싸움에서 참패했다면 이제부터 어떻게 살아야 하나, 하는 처지에 놓이는 것이다.

그래서 중소기업의 경우 되도록 대기업과는 싸우지 않는 것이 좋다. 싸우기보다는 싸우지 않고 회사를 존속시켜 나갈 수 있는 지혜가 경영자에게는 필요하다.

틈새시장을 노리는 것도 좋은 방법이다. 대기업이라면 너무 시시해서 손대지 않을 것 같은 작은시장에 제품을 계속해서 내보내면 백해무익한 경쟁은 일어나지 않는다. 시장 규모가 작기는 해도 꼭 필요한 데다, 경쟁상대가 없다면 무리하게 가격을 인하할 필요도 없다.

한편, 회사가 싸우지 않으면 안 될 때도 있다. 이걸 양보한다면 회사의 존재 자체가 위험해진다고 판단될 때는 피투성이가 되더라도 싸우지 않으면 안 된다. 상대가 아무리 강해도 '풍차와 싸우는 돈키호테'가 되어 총력을 기울여 필사적으로 싸우고, 이겨야 한다.

그럴 때 나는 평화주의자이기 때문에 하면서 도망간다면 경영자로서 문제가 있다.

넘버원이 못된다면 철수다

'여기선 싸워 이겨야 할까?' '여기는 우선 한 발짝 물러설까' 하는 것은 호리바제작소 경영에서 아주 중요하고 커다란 과제다. 경영에서 무엇을 우선해야 하는가는 기업철학의 문제이기 때문이다.

2년 전부터 우리는 'Winner gets all'이라는 슬로건을 걸어왔다. 이것은 미국 대통령 선거인을 결정하는 방법에서 따온 것이다. '이긴 자가 모든 것을 가진다' 즉 진 자에게는 아무것도 남지 않는다는 의미다.

이것을 기업전략으로 바꾼다면 '이길 수 있는 분야는 모두 이긴다. 그 대신 아무리 발버둥을 쳐도 넘버투까지밖에 못 되는 분야라면 버리자'는 것이다.

어떤 제품의 시장점유율이 현재 20위라고 하자. 혹시 내년부터 18위 → 15위 → 9위 → 4위로 올라가서 수년 이내에 넘버원을 차지할 수 있다면, 꼭 하라.

그렇지만 지금 업계 5위인데, 상위 3사가 너무 막강해서 아무리 발버둥쳐도 4위까지밖에는 올라가지 못할 것 같으면, 지금 이익이 올라가고 있어도 단계적으로 철수해야 한다.

나는 기술자들에게 자주 묻는다. "개발은 잘되는가?" 하고.

그러면 "열심히 하고 있습니다." 하고 대답한다. 나도 물론 기술자이기 때문에, 전력을 다해 일해주는 사원이 고맙다. 그렇지만 무한경쟁 시대에 회사가 '이기기' 위해서는 '열심히'만으로는 안 된다.

적어도 "지금 열심히 하고 있으니까, 3년 뒤에는 성능 면에서

도, 시장점유율 면에서도 업계 1위를 차지할 수 있습니다." 하고
대답해주면 좋겠다.

만약 '어떻게 업계 5위까지……' 같은 대답을 한다면, "지금 당
장 그만둬"라고 한다. 그가 개발하는 것은 전망이 없어서, 계속
해도 우리 회사에는 이익이 없다고 생각하기 때문이다.

한 가지에 집중함으로써 중소기업도 대기업을 이긴다

내가 왜 이렇게 넘버원을 고집하는 것일까?

예를 들어 컴퓨터 OS인 윈도우즈를 생각하면, 세계 컴퓨터의
80%는 윈도우즈가 차지하고 있다. 두번째는 맥(애플의)이지만,
혹시라도 역전할 가능성은 전혀 없다.

이건 결코 컴퓨터 세계 이야기만은 아니다. 넘버원은 단연 강하
고, 넘버투에게 주어지는 것은 아무것도 없다. 그런 시대가 되었
다.

그렇지만 리눅스는 예외인 것 같아 대단히 흥미가 있다.

골프 토너먼트의 상금을 예로 들어보자. 거품경제 시대에는 우
승상금이 1000만 엔이라면, 2등은 500만 엔, 3등은 300만 엔,
4등은 200 엔, 5등은 100만 엔 하는 식으로 5위 안에 들면, 어
떻게든 먹고 살았다. 그런 분야가 많았다.

그런데 지금은 우승 1000만 엔, 2등은 50만 엔, 3등 이하는 참
가상을 주는 정도로 바뀌었다. 앞으로 2등 상품은 티슈가 될지도
모른다.

마이크로소프트 정도는 아니지만, 넘버원이 된다는 것은 그 분

야의 룰을 자신이 만들 수 있다는 것이다.

바로 업계 디랙트 스탠더드(direct standard)가 되는 것이다. 스탠더드를 가진 기업의 이점은 이제부터 점점 커진다.

그렇기 때문에 넘버원을 차지할 가능성이 0.1%라도 있는 분야라면 무슨 일이 있어도 그걸 차지하기 위해 노력해야 한다.

그외의 분야는 평화주의로 가서, 단계적으로 철수하는 것이 좋다.

기계라면 뭐든 된다고 하는 풀라인 체제는 대기업에게 맡겨두자고 생각하고 있다. 무의미하게 폭을 넓히는 것이 아니라, 정말로 이길 수 있는 데에 전력을 투입하는 것이다.

똑같은 에너지라도 그대로 두면 조금 따뜻해지는 것뿐이지만, 돋보기를 사용해 집중시키면 종이에 불이 붙어 구멍이 뚫린다.

대기업이 1000명으로 1000가지 분야에 참여한다면, 우리 회사 같은 데는 10명으로 한 가지 분야에서 싸우면 된다.

호리바제작소는 이런 철학과 우선 순위를 생각해야 한다.

원칙 없이 싸우고, 어떤 때는 평화주의의 길을 선택하는 경영자가 살아남을 길은 없다.

:명 플레이어가 명감독이 될 수 있나?
현장주의는 일관할 때와 한 발 물러설 때가 있다

현장의식이 없으면 안 된다. 현장의식만으로도 안 된다

배트를 만진 적도 없는 사람이 감독이 될 수 있을까?

옛날 일본군에서 칼싸움을 한 번도 해본 적이 없는 병사들이 참모본부에서 작전을 짜게 되어 결국 비참하게 패한 적이 있다.

기술 현장도 영업 현장도 모르는 사람이 사장이 되면 당치도 않은 이야기를 하기도 한다. 개발하는 데 2년 걸리는 제품을 3개월 안에 시장에 내놓으라고 하거나, 시장은 그대로인데 전년도 대비 150% 매상을 목표로 하라는 등 현장을 잘 모르는 사람에게 회사를 맡기면 결과는 뻔하다.

맡기면 일 잘하는 게 기술자

나는 원래 기술자이기 때문에 기술 현장을 잘 안다고 자신한다. 기술자가 기분 좋게 일하도록 해서 일을 잘하게 하는 것은 어떤 의미에서 간단하다. 맡기면 된다.

"당신 기술에 회사 미래가 달려 있어. 좋은 제품을 만들라구." 하면서 어깨를 두들겨주고는 싱글벙글 웃으며 사라지면 된다. 기술자라는 사람들은 의외로 의기(意氣)를 느끼는 사람들이라서 기대에 부응하려고 100%의 힘을 발휘한다.

나는 기술 현장에 가서 진두지휘를 하고 있을 때가 가장 즐겁다. 그러다 보니 자꾸 공장이나 개발 부서에 들어가 틀어박혀버리곤 한다. 영업 일이나 인사에는 약하다는 걸 알고 있기 때문에, 그 부분에 관해서는 신뢰할 수 있는 사람에게 맡기고, 되도록 참견하지 않는다.

경영자로서 못하는 것은 각각 그 분야 프로에게 맡겨라

골프로 말하면 티칭프로 모두, 투어프로가 될 수 있는 건 아니다. 티칭프로는 말 그대로 가르치는 데 프로이기 때문에 그의 골프 실력은 투어에서 우승하는 사람과는 근본적으로 다르다.

명 골프선수에게는 반드시 유명한 티칭프로가 있다. 그 티칭프로에게, '그럼 당신이 토너먼트에서 우승해봐라'하고 말하는 건 잘못된 것이다. 갖고 있는 능력이 다르기 때문이다.

그런데 나는 현장에서만 활약하는 투어프로가 경영자가 되어서는 안 될 것도 없다고 여긴다. 기술밖에 모르는 어떤 사람이 멋진 제품을 만들어 회사를 세우고, 그 제품이 잘 팔려 회사가 발전하면 전혀 문제가 없다.

그렇지만 그 경영자는 경영자로서 프로=티칭프로가 아니라, '회사의 간판'이다. 따라서 10년, 20년 걸쳐서 기업을 원활하게 이끌어가기 위해서는 경리의 프로, 재무의 프로, 인사의 프로, 영업의 프로 등 뛰어난 경영진을 영입해 각 분야의 내실을 다져야 한다.

창업자나 원맨 경영자는 서투를 수밖에 없다. 그렇기 때문에 그 분야의 전문가에게 맡기는 편이 회사를 위해서도 좋다. 나는 그렇게 생각한다.

:숫자를 믿어야 하나?
시스템을 도입해서 사람이 변한다면 어쩔 수 없다

보스 체질 경영자라도 수치주의에는 약해진다

호탕하기로 유명한, 한 경영자가 최근 좀 이상할 만큼 소심해졌다고 한다. 지금까지 그는 "상관없어. 나한테 맡겨."하며 가슴을 탕탕 치면서 사원들을 이끌어가던 보스 체질의 경영자였다.

그런데 어느 날 갑자기 생산성이니 경비 대비 효과니 하며 평소 쓰지 않던 단어들을 입에 올린다는 것이다.

이유를 들어 보니 ERP를 도입했기 때문이다. ERP는 경영자원관리 시스템이다. 지금까지 계산하지 않고 되는 대로, 대충대충 감으로 하던 경영이 이제 모두 숫자로 표시되는 것이다.

'이 부분의 업계 평균 생산성은 이 정도인데, 우리 회사는 0.7%나 낮아'와 같이 모든 것이 숫자로 나타난다. 그러면 사장실에서 단말기를 만지고 있어도 불안해서 안절부절못하게 된다.

지금까지는 적극적인 노력으로 매상이 늘어난 부서에 "잘했어. 잘했어."하고 말해주었는데, 이제는

"매상은 올랐지만, 인건비를 감안하면 회사 평균에서 보아……."

같은 말을 들먹여 사원들도 피곤해진다.

회사를 객관적으로 완전히 드러내는 것이 수치관리주의

'수치관리주의'에 관해서 나는 '믿어야 하면서도 믿어서는 안 된다'는 입장이다. 수치관리주의는 좋은 점도 많지만, 다른 한편 위험성도 있다.

좋은 점을 먼저 살펴보자.

회사 현황이 객관적으로 알기 쉽게 드러난다는 것이다.

각각의 부서나, 경우에 따라서는 한 사람 한 사람 인재가 회사에 대해 어느 정도 이익을 내고 있는지 모든 걸 알게 된다.

그렇게 나온 객관적 숫자를 보면 지금까지 생각하고 있던 것과 전혀 다르다는 사실에 놀라는 일도 많다.

'뭐야, 저 부서는 언제나 태평하게 일하기 때문에 일은 뒷전일 거라고 생각했는데, 착실하게 일을 잘하고 있군'이라든지,

'그런데 저기는 뭐야. 언제나 분주하게 뛰어다니고, 접대비나 교통비도 제일 많이 사용하기 때문에 일을 열심히 하고 있다고 생각했는데, 그게 아니군'

또는 '매상만 보면 올해는 실적이 좋지 않다고 생각했는데, 종합적으로 판단해보면 의외로 선전하고 있잖아' 등.

내 회사 일은 내가 가장 잘 알고 있다고 생각했던 경영자도 수치 분석하여 완전히 드러난 회사 모습을 보면, 자기가 느끼고 있던 회사 모습과는 전혀 다른 것에 크게 놀라게 마련이다.

이처럼 수치관리주의는 회사의 현실을 보여준다.

감(感)에 근거한 경영보다는 현실을 근거로 한 경영 쪽이 합리적이기도 하고, 회사도 올바른 방향으로 발전해나갈 수 있다는 것은 말할 필요도 없다.

분명히 수치관리주의는 도움이 된다.

그렇지만 그것을 만능이라고 생각해버리면 수치관리주의의 함정에 빠질 수도 있다.

일단 분석하면 살아있는 인간의 시점으로 다시 한 번 돌아가라

회사는 사람, 물건, 돈을 움직여서 이익을 추구하는 조직이다. 이 세 가지는 모두 숫자로 환산할 수 있다. 인건비, 경비, 그리고 매상이 얼마이기 때문에 생산성은 이렇다 등과 같이.

그렇지만 역시 숫자는 '마음'까지 나타낼 수는 없다.

사람에게는 마음이 있다.

기술자인 나는 재료나 부품, 그리고 물건에 마음이 있음을 느낀다.

돈에도 마음이 있을 거라고 생각한 적도 있다.

일단 이것들을 숫자로 바꾸는 것은 분명히 의미 있는 일이다.

그렇지만 일단 숫자로 분석한 뒤에는 다시 한 번, 살아 있는 인간의 눈으로 살펴볼 필요가 있다.

숫자 절대주의는 사원의 도덕심도 잃게 한다

가장 무서운 것은 숫자가 혼자 걷기 시작하는 것이다.

'이번 회기에서는 기필코 이 정도 숫자로 간다!' 하고 숫자에 매달린다. 그러면 기말이 되어 기적적인 분발을 보이며 목표를 달성하기도 한다.

그렇지만, 다음 분기 초에는 반품이 이어져 결국 목표에 이르지 못하게 된다. 가공 매출, 혹은 밀어내기 매출이 빚은 결과다.

수치관리의 엄격함에 현장이 맞장구쳐서, 거의 부정에 가까운 조작을 한 것이다. 이렇게 현장이 도덕심을 잃어버리는 것이야말로 회사를 가장 위험하게 하는 것 아닐까?

그래서 경영자는 한편으로 수치관리의 냉정한 분석에 귀기울이며, 다른 한편으로는 직접 현장에 가서 기술자들과 밀접하게 커뮤니케이션 하고 현장의 느낌을 몸소 깨닫지 않으면 안 된다.

:자원봉사나 메세나에 힘써야 하나?
기업에 이익이 되는 자원봉사나 메세나를 생각해야 한다

자원봉사도 회사를 위해 고려하라

기업은 사회 일원으로서 책임이 있다. 기업은 소비자나 지역경제 사회가 뒷받침해주기 때문에 비로소 존재하는 것이므로 이에 대해 어떤 형태로든 환원할 책임이 반드시 있다.

그렇지만 기업이 가장 우선시해야 할 것은 '주주의 이익'이다. 주주에게 돈을 받고 또 그것으로 회사를 운영해나가는 경영자는 회사를 맡고 있는 책임감과 의무감으로 자원봉사나 메세나(mecenat, 기업의 문화 활동 지원 사업 : 역자주)에 돈을 쓴다. 그것이 쓸데없이 돈을 쓰는 것으로 허무하게 끝나서는 안 된다. 하물며 경영자의 취미로 메세나라 칭하는 사업을 하는 것 따위는 당치도 않다.

예를 들어 호리바제작소같이 기계를 만드는 회사가 클래식을 연주하는 시민홀을 세우기 위해 돈을 낸다면 그것은 본업과는 아무런 관계도 없는 것이다. 그냥 돈만 쓰는 것이다. 회사에 이익이 된다면 기껏해야 입구 쪽 현수막에 회사 이름을 넣는 정도다. 겨우 그런 정도다.

그렇지만 자동차 회사에 기계를 납품하는 회사가 배기가스의 대기오염을 연구하는 기관에 기부한다면 그것은 좀 도는 것이지만, 본업에는 확실하게 공헌할 것이다. 대기오염 문제를 해결해 자동차 사회가 좀더 건전하게 발전할 수 있다면, 장기적으로 자사의 미래가 안정적으로 발전하는데 도움이 되는 것이니까.

주주총회에서 "뭐야, 이렇게 돈을 썼단 말야." 하고 추궁당해도 "멀리 보면 우리 회사의 시장환경을 좋게 만들기 위한 것입니다."라고 대답할 수 있다.

잘 모르는 자원봉사에는 손대지 말라

예를 들어 산토리처럼 문화사업을 착실하게 하고 있는 회사가 빈교향악단을 초대한다면, 기업 이미지를 떠올릴 수 있기 때문에 좋은 메세지가 될 것이다.

그런데 그런 기업의 경영자에게, "당신, 그런 음악 좋아합니까?" 하고 물으면, "아뇨, 나는 엔가를 좋아하지, 서양음악은 잘 몰라요." 따위의 대답을 듣기도 한다.

잘못하면 주주로부터 "그런 건 당신 개인 돈으로 하라구."라든가 "그런 이익 있으면 배당에나 돌리라구." 하는 말을 듣게 된다.

자원봉사는 돈만 쓰면 되는 게 아니다. 기업이 하기 때문에, '사회를 위해, 지역을 위해, 그리고 여러 사람들을 위해'라는 대의명분이 있지만 그것이 기업 이미지나 시장환경을 좋게 하는 것인지 앞을 내다보는 계산이 필요하다.

회사 돈을 사용하기 때문에 그것은 멀리 돌더라도 회사에 이익이 되고, 주주에게 환원되지 않으면 안 된다.

자원봉사가 도피행위가 되지는 않았는가?

간혹 홀린 사람처럼 자원봉사나 메세나에 매달리는 경영자도 있다.

회사를 경영할 시간이 있을까 생각할 정도로 이곳저곳에서 이름을 내건다. 행사마다 협찬하고, 틈만 나면 자원봉사 관련 이벤트에 얼굴을 내밀고 인사를 한다.

그만한 돈과 시간을 자원봉사에 쓰기에, 돈을 많이 벌었다고 생각했는데 나중에 보면 파산하기도 한다.

이런 건 일종의 도피행위가 아닐까?

그렇지 않다면 회사를 어느 정도 키워놓은 뒤, 훌륭한 행동을 해서 칭찬받고 싶은 명예욕 같은 것이 고개를 내미는 건지도 모른다.

자원봉사나 메세나를 함으로써 얻는 명성으로 자아실현을 하고 싶어할 수도 있다.

그렇지만 경영자가 자아실현을 하기 위한 도구는 자기 회사밖에 없다고 생각한다. 회사를 크게 키워서 주주나 사원에게 충분히 환원하고, 뛰어난 제품을 만들어 사회적으로 인정받으면 경영자에게 그 이상의 자아실현은 없을 것이다.

:정치가와 사귀어야 하나?

내 회사는 정치가의 힘이 아니라, 내 힘으로 지키고 싶다

정치헌금은 논리 모순이다

정치를 좋아하는 경영자가 많이 있다.

정치가의 후원회 이곳저곳에 이름을 올리거나 선거운동을 응원하거나, 그것이 경영자의 개인적 취미의 범위에서 그친다면 크게 문제될 것은 없다.

예를 들어 경영자가 엔가 가수에 열광한들 회사가 기우는 정도가 아니라면 불평할 것이 못 된다.

그렇지만 정치에 열중해서 회사 돈을 정치헌금에 쏟아붓거나, 고액의 파티권을 한꺼번에 사버린다면 '잠깐만!' 하고 멈추게 하고 싶다.

정치헌금은 본래 사리사욕을 위해서 하는 게 아니다. '당신의 정치활동에 전적으로 공감한다. 그래서 나한테 덕 되는 건 없지만, 돈을 내서 응원한다'는 것이(지금 세상에는 아무도 믿어주지 않지만) 정치헌금이다.

그래서 회사 돈을 정치헌금에 낸다는 것은 모순된 것이다. 회사 돈은 회사 이익을 위해 사용하는 것이기 때문에 아무런 이익도 안 되는 것에 돈을 내는 것은 배임행위다.

다른 한편 정치가에게 돈을 주면서 뭔가 편의를 보아달라고 하면 이것은 헌금이 아니라, 뇌물이다. 법을 위반하게 된다.

곧, 회사의 돈으로 정치헌금을 한다는 것은 어느 쪽으로도 모순되는 것이다.

나는 지금까지 몇몇 정치가와 만난 적이 있는데, 그들은 무슨 말을 해도 "네." 하며 듣고 있을 뿐이다. 호리바제작소와는 관계없는 사람들이라, "사회 환경을 좋게 해주세요." 하고 부탁하는 정도다.

혹시 내가 어떤 정치가가 맘에 들어 몇 백만 엔을 회사 돈에서 내려고 해도 주주 쪽은 "당신 개인 돈으로 내시오." 한다. 회사에 메리트가 없다면, 회사 돈을 내서는 안 된다.

업계가 정치가와 사이좋게 밀착해서는 강한 업계로 성장하지 않는다

한 업계에서 정치가를 키워주는 일도 있다. 금융업계, 약품업계, 토건업계 등은 선거 때 업계 전체가 나서서 응원하고, 자신들의 대표로서 국회로 내보낸다.

이것도 말하자면 호송선단 같은 것이다. 업계 모두가 비슷한 수준으로 이익을 얻기 위해서 정치가를 이용하는 것이니까. 그런데서 '우리만 자주독립'을 외치면, 아주 톡톡히 미움을 사게 된다. 가끔 업계 모임 임원이 찾아오는데, 결국 업계의 친목 그룹 일원이 될 수밖에 없다고 한다.

이런 일본 기업의 존재방식이나, 정치가를 이용하는 방법이 좋은지 싫은지 묻는다면, 난 싫다고 말할 것이다. 적군도 아군도 있는 것이 자본주의다.

아무리 정치가와 사이가 좋더라도 그것만으로 회사가 성장할 수 없다. 업계가 서로 격렬하게 경쟁하는 중에 "호리바의 분석기계는 대단해."라는 소리를 듣게 되면 정말 성장해갈 수가 있는 것이다.

정치가에게 돈을 쓸 여유가 있다면, 좀더 좋은 물건을 만드는 데 애쓰는 것이 좋지 않을까?

:동 업계나 지역 그룹에 참가해야 하나?
친목그룹은 의미가 없지만, 회사는 지역으로부터 벗어날 수 없다

잘라버리는 게 좋을까? 업계의 끈, 토지의 끈

상대가 정치가라면 "우리는 동조 못합니다."라고 말하며 퇴짜 놓는 게 불가능한 건 아니다. 그렇지만 동조 방법에 대해 고민에 빠지게 하는 것이 동 업계 그룹이나 지역 그룹이다.

"업계 일원이라면 협력해주시오.", "교토에 있는 회사라면 도와주시오."라는 말을 들으면 좀처럼 거절하기 어렵다.

'우리는 독자행보다. 업계도 지역도 관계 없다'고 이야기하기가 어렵다. 뭐니 뭐니 해도 호리바제작소는 기계 생산을 그만둘 수 없고, 교토의 회사를 문닫을 생각도 없기 때문에, 관계 없다고는 말할 수 없는 것이다.

물론 나 역시 업계나 지역으로부터 은혜를 입었다. 그것에 보답하기 위해서 호리바제작소가 기업으로서 도리를 지켜야 한다는데 대해서는 절대 부정하지 않는다. 그렇지만 이것은 어디까지나 우리 회사가 기업으로서 훌륭하게 해나가고 있기 때문에 가능한 것이다.

　수익을 확실하게 올려서 사원에게 월급 잘 주고, 주주에게 배당도 하고, 세금도 내고 난 다음에 업계나 지역에 공헌할 생각이다. 그게 올바른 순서다. 자원봉사도 마찬가지다. 회사가 망하면 업계나 지역에 봉사해도 아무 소용 없는 것이다.

업계나 지역과는 실력 범위 안에서 동조해나가고 싶다

　우리 회사 같은 기계 회사가 모여 있는 '공업회'라는 모임이 있다. 1960년대 최고성장기 때는 신진기예의 경영자들이 모여 서로를 북돋워주는 그런 모임이었다.

　그런데 최근에는 변질했다. 에너지를 느낄 수 없고 단순한 친목모임으로 변한 것 같다. 내가 곤란하다고 생각하는 것은 '공업회쟁이' 같은 경영자들이다. 그들의 기업경영 방식은 너무도 형편없어서 아들이나 회사 직원에게 물려줄 만한 게 없다.

　그래서 공업회에 나와서 소일 삼아 옛날이야기 하는 것이 가장 큰 즐거움이 되어버렸다. 그런 회합으로는 서로를 고양시킬 수 없다.

　동 업계를 위해서 일하지 말라고는 하지 않는다. 그렇지만 자기 회사가 희생이 되어 공업회만 번영하면 무슨 소용인가?

:커넥션, 소중하게 여겨야 하나?
행정력을 빌리기보다 내 힘으로 승부하고 싶다

관청 비위를 맞추는 게 장사 면에서는 어떨까?

이것도 경영자의 철학에 관한 것이라고 생각하는데 "이번에 이런 걸 시작하려고 합니다. 잘 부탁합니다." 하며 회사가 뭔가 일을 시작하려고 하면, 우선 감독관청으로 발부터 옮기는 사람이 있다.

이건 좋은 방법이 아니라고 말할 수는 없다. 행정관청의 기분을 상하게 하면 정말로 모자란다는 소리를 들으니까. 담당자를 거스르면 무엇을 하든지 손해를 볼 확률이 높다.

그래서 행정관청을 내편으로 만들려는 마음을 이해하지 못하는 게 아니다.

그렇다고는 해도 그런 경영자가 눈앞에 있으면 나는 하지 않아도 될 말이 자꾸 하고 싶어진다.

행정관청의 역할은 본래 세상을 지원하고, 뒷받침해주는 것이다. 또한 시민에 대한 서비스 기관이기도 하다. 기업 역시 세금을 내는 듬직한 시민이다. 그렇다면 '윗분 기분을 맞춘다'는 발상은 주객이 전도되어 있는 것이 아닌가 하고.

다른 하나는 정치가 부분에서도 말했지만, 장사는 자신의 힘으로 해내야 한다. 국제 법제상 문제나 국내 법률상의 문제로 업계가 부당하게 불이익을 당할 때, 공무원에게 도움을 받는 것이다. 단순히 자기 개인을 위해 행정관청에 아부할 시간이 있다면 그 시간에 좋은 제품이나 좋은 서비스를 위해 진두지휘하며 땀 흘려야 하지 않을까?

반골정신을 언제까지라도 잊지 않는 경영자로 있고 싶어

내가 이런 생각을 하는 것은 호리바제작소가 교토라는 지역에서 태어나고 성장한 회사라는 것과 관계가 있을지도 모른다.

예를 들어 MK 택시같이 계속해서 국가와 싸우는 회사도 있다. 사실 교토에 있는 회사를 둘러보면 국가에 의지하지 않는 분위기가 강하다.

교토라는 지역은 안티 중앙이다.

메이지시대 수도를 도쿄에 뺏겼다는 사실 때문에 교토 사람들은 관공서가 도쿄에 몰려 있다는 데 불만이 많다. 자민당도 못마땅해한다. 그래서 공산당 세력이 강한 것이다.

대학 같은 것도 그렇다. 도쿄대학은 관리양성기관 같은 곳이다. 거기에 비해 교토대학은 학자를 만드는 곳, 그래서 도쿄대학보다 위대하다고 교토사람들은 생각한다.

그래서 관청에 의지하는 것은 부끄럽다고까지 생각해온 건 아닐까. 또 교토에는 국제 기업이 많다. 중앙이나 일본 정부에 의지하기보다는 해외에 나가면 된다고 생각하기 때문이다. 일본 정부와 관계 없는 세계를 시장으로 삼은 것이다.

그런 것도 있어서 교토의 기업은 대개 도쿄로 본사를 옮기지 않는다. 오기를 부린다거나 바보같다는 말을 들을지도 모른다.

그렇지만 그 덕에 독립심을 갖고 경영할 수 있다면 교토에 감사하지 않을 수 없다. 행정에 의지하기보다도 자신감을 갖고 행정과 대응하는 것이 내 신념이다.

다른 경영자에게 흉내내라고는 말 못하지만 말이다.

:일벌레인가, 마이홈주의인가?
자신을 잘 쉬게 하는 것도 경영자 능력의 하나

마이홈주의를 부정해서는 안 된다

'마이홈주의'는 부정적인 뉘앙스가 강한 말이다. '일은 시원찮은 주제에 가족과 즐기고' 있는 것 같은 "저놈은 마이홈주의야." 하면 상대를 깔보는 말이 된다.

그렇지만 나는 일과 가정을 병립할 수 없다는 생각은 잘못됐다고 본다. 일 대 가정이라는 카테고리는 일을 할까 가족과 함께 할까 같은 양자택일을 해야 하는 잘못된 것이다.

아무리 일벌레라고 하더라도 가정에 돌아가야 한다. 집에 돌아가서 잠만 자더라도 가정이 붕괴되어 바늘방석이면 꿈자리가 뒤숭숭할 것이다. 자녀는 가정 내 폭력으로, 부인은 문화 센터 같은 데 다니느라 바쁘고 집에 돌아가면 밥도 없다고 하자. 그런 상태라면 가정에 돌아가도 마음이 편치 못해, 다음 날 일이 잘 될 수가 없다.

이렇게 되면 일을 열심히 할 수 없다.

집에 돌아가 충분히 쉴 수 있다. 유유자적할 수 있다. 그만한 환경이 있기 때문에 낮에 일벌레가 될 수 있다고 나는 생각한다.

가정이 행복하지 않기 때문에 일로 도망간다는 사람도 있다. 이것은 일종의 도피로 일을 정말 잘하는 사람은 아니라고 생각한다.

이제부터는 가정의 역할이 더 중요해지는 건 아닐까

경영자라도 모두 똑같지는 않다. 주 7일 24시간 계속 일하는 게 경영자라고 하는 사람도 있고, 경영자는 첩이 둘이나 셋쯤 있어도 된다는 사람도 있다.

그렇지만 지금 일본 기업이 처한 환경에서 그런 식의 사고로는 더 이상 기업을 유지할 수 없다. 왜냐하면 요구되는 일의 밀도가 엄청나게 높아졌기 때문이다.

옛날에도 '힘들다 힘들다'했지만, 왠지 모르게 여유가 있었다.

그때와는 비교가 되지 않을 정도로 비즈니스 스피드가 빨라졌다. 판단 재료로 삼아야 할 정보의 양도 무서울 정도의 기세로 늘어나고 있고, 게다가 외자계 기업의 참여, M&A 전략, 글로벌스탠더드에 대응해야 한다. 종래에는 존재하지 않았던 비즈니스의 요소가 새롭게 나타나고 있다.

결정을 내리는 것도 옛날보다 훨씬 어렵다.

단위 시간당 해내야 하는 일의 양이 늘어나고 있고, 빨리 하지 않으면 도저히 안 되는 것도 늘어나고 있다. 경쟁도 치열하고, 시장환경도 기다려주지 않는다. 이런 상황에서는 같은 시간 일해도 녹초가 되는 경우가 훨씬 많다.

20년 전에 주 7일간 24시간 일하는 것보다 지금 토요일, 일요일 쉬고 하루 10시간씩 일하는 쪽이 더 힘겨울 수도 있다.

쫓기는 기분에서 어떻게 자신을 해방시킬까가 중요

옛날과 비교해서 일 때문에 여유가 없다는 점에서 말하자면, 시간뿐만이 아니라, 돈도 그렇다. 내 수입도 상대적으로 많아졌을 게 틀림없는데도 오히려 현재가 어렵다. 이것은 전체적인 생활 수준이 향상되었기 때문이다.

월급이 15만 엔일 때 1000엔 내면 진수성찬을 먹을 수 있었다. 지금은 수입이 10배가 되었어도 1 ~ 2만 엔으로는 진수성찬을 먹을 수 없다.

수입이 3배가 되어도 같은 수준의 생활을 하려면 5배의 돈이 필요하다. 풍요로움이란 도대체 뭘까? 생각할 때가 많다.

옛날에는 좀더 유유자적했다. 지금은 일에 대해서도 돈에 대해서도, 경영을 하고 있다는 것에서도 쫓기고 있는 것이다. 그러한 피로를 있는 그대로 짊어진 채로 회사를 경영하는 것은 빨리 죽기를 자청하는 것이다.

그렇기 때문에 쫓기는 기분에서 잠시라도 벗어날 수 있는 따뜻하고 편안한 가정이 더욱 소중하게 여겨지는 시대이다.

:말투에 마음을 써야 하나?
자신의 캐릭터를 이해하고, 잘 다루려는 노력을 아껴서는 안 된다

부하에게 화내는 것도, 재떨이를 던지는 것(?)도 참된 승부다

확실하게 의사를 표명하는 것은 아주 좋은 일이다. 경영자의 기분이 곧바로 사원에게 전달되기 때문이다.

그런 다음 '이 보스 좋아'하고 생각하면 계속 인연을 유지해나갈 것이고, '생리적으로 안 맞아' 하게 되면, 또 다른 길을 찾아 가게 될 것이기 때문이다.

다시 말해, '어느 쪽인지 잘 모르겠어' 하는 상황이 벌어지면 이 보스를 따라가는 게 좋을지, 인연을 끊는 게 좋을지 판단하기 어려워진다. 그렇게 확실히 하지 않은 채 질질 끌어가는 것은 결코 좋지 않다.

예를 들어, 부하에게 화낼 때가 있다. 청천벽력같이 호통을 치기도 하고, 물건을 던지기도 한다. 이때는 정말 체력이 필요하고, 신중하지 않으면 안 된다.

나는 옛날에 재떨이를 자주 던졌다.

"바보같으니라구. 당신 뭘 생각하고 있는 거야?"

하고 화냈다고 생각했는데 어느 새 재떨이가 날아가고 있었다. 그렇지만 서로 감정이 상하지는 않았다.

서로 신중하게 이야기하고 있으면, 심한 말로 꾸짖어도 재떨이를 던져도 후유증 같은 건 별로 없다.

당신 같은 사람하고 이야기가 안 된다고 그 자리에서 박차고 일어나 뛰쳐나가도, 하루 지나면 언제 그랬냐는 듯이 다시 일할 수 있다. 1년쯤 지나면 "그때는 열받아서 그랬어!" 하고 술 마시며 재미있게 이야기할 수 있는 것이다.

참된 승부를 하고 있으면, 말도 단도직입적으로 하게 된다. 좋은 말만 고를 여유가 없기 때문이다. 말을 자꾸 옆으로 비껴서 하게 되면 될 일도 안 된다.

화내는 것은 상대를 용서한다는 것도 된다

예전에는 회사 중간관리자에게 이야기할 때,

"이 멍충아, 찬물에 얼굴 씻고 정신 차려서 처음부터 다시 해와."

하고 말해도 아무 문제 없었다.

그렇지만 지금 그러면 정말 나가버리고 만다.

요즘 중간관리자는 좀체로 단도직입적인 말을 입에 담지 못한다. 그렇지만 젊은 사람들의 목소리를 들어보면 의외로 혼났으면 좋겠다는 이야기가 굉장히 많다.

누구든지 일을 하다가 실패해서 회사에 손해를 입히는 경우가 있다. 그렇다면 혼나는 것은 당연하다. 그럴 때는 본인이 가장 괴롭다. 일이 처리되지 않은 채로 어중간하게 되어 있으니까, 빨리 해방되고 싶을 것이다.

그럴 때 "바보 같으니라고. 다음에 또 그러면 용서 없어." 하는 소리를 들으면 어중간했던 상태에서 빠져나올 수가 있다. 이것으로 일단락! 또 내일부터 새로운 기분으로 일을 다시 시작할 수 있는 것이다.

하지만 분명히 알고 있을 텐데, 상사가 싱글벙글하고 있으면 혹시라도 보너스가 잔뜩 깎이는 게 아닌가, 뭔가 나중에 문제되는 건 아닐까, 쓸데없는 것까지 생각해서 한층 더 실의에 빠지게 된다.

그래서 나는 부하가 잘못했을 때, 호통을 쳐 고민을 빨리 끝내주어야 한다고 생각한다.

"바보 같은 놈, 다음에 또 그러면 끝이야. 용서 못해." 하면서 넘어가준다. 호통을 치면서도 이번 일은 용서한다고 말하는 것이다.

화낼 때는 최대한의 에너지를 사용하라!

나는 "널 혼내기 위해서 내가 얼마나 많은 에너지를 사용하고 있는지 알아?" 하고 자주 말한다.

3분밖에 화냈을지 몰라도 3분 화내기 위해 내가 얼마나 여러 가지 생각을 했는지 알려준다. '너무 화를 내서 풀이 죽으면 안 되고, 모자라면 내가 하고 싶은 말뜻이 제대로 전달되지 않을지도 모르고, 정말로 이것저것 생각해서 3분간 화냈다'라고. '네가 돌아가고 나서도 잘 알아들었을까, 너무 심하게 말하지는 않았나, 너를 3분간 혼내기 위해서 나는 3시간 정도 생각했다, 고맙게 생각하라'고.

상사한테 혼날 때 상사는 대단한 시간과 에너지를 쓰고 있는데, '저놈 또 화낸다' 정도로 받아들이면 참을 수 없다. 이쪽은 상당히 단가가 높으니까.

: 경영은 7전 8기인가, 원아웃체인지인가?
일본에서도 실패한 경영자가 재생할 수 있어야 한다

정말로 자기가 경영자로서 적합한지 자문한다

사람의 얼굴은 다르다. 같은 이야기로 비즈니스도 성공비결이 따로 있는 게 아니다. 교과서나 매뉴얼에 따라 경영을 하면 잘된다는 식의 정답이 있을 리 없다. 자기 나름대로 고민하고 시행착오를 거쳐 자기만의 방식을 확립해나가는 방법밖에 없다.

그래서 경영이 잘되지 않더라도 특별히 비관할 이유는 없다. 그 사람은 예술가가 됐더라면 성공했을지 모르고, 초밥집 주인이 됐다면 그 지역에서 평판 좋은 가게를 꾸려갈 수 있을지도 모른다. 그렇지만 경영에는 맞지 않는다. 그렇다면 무리해서 경영자가 될 필요는 없다.

'하늘은 두 가지 재주를 주지 않는다'고 하는데, 그 말은 한 가지는 받았다는 것이다. 그래서 혹시 당신이 갖고 있는 '한 가지'가 경영이라고 한다면 회사를 만들면 되는 것이다.

그렇지만 일본에서 회사를 만드는 것은 아주 어려운 일이다. 실패하면 안 되는 풍토 때문이다.

한 번 쓰러지면 아웃시키는 풍토에서 어디까지 할 수 있을까?

나는 초등학교시절 '칠전팔기(七顚八起)'라고 배웠는데, 거짓말이었다. 회사는 한 번 쓰러지면 아웃이다.

미국은 좀 다르다. 회사를 경영해서 실패해도 다시 도전할 수 있는 풍토가 있다. 오히려 한 번 실패한 경험을 살려서 한 단계 높은 기회를 주는 경우도 있다.

일본 벤처는 한 번 실패하면 재기불능이기 때문에 겨우 3분의 1밖에 남지 않는다. 이렇다 보니 회사 그만두고 자기 회사를 만든다고 하면 가족들 모두 "그만둬, 그만두라구." 합창을 하며 말리는 것이다.

또한 자금 문제도 있다.

미국에서 벤처를 시작할 때는 벤처캐피털에 의지하는 게 보통이다. 자금이 3억 엔 필요하다면, 3억 엔을 벤처캐피털로부터 조달한다.

그런데 일본에서는 어느 정도 회사로서 형태가 갖추어지지 않으면 벤처캐피털과 교섭조차도 시작하지 못한다. 그래서 처음에는 3억 엔 중 3천만 엔 정도를 스스로 마련하고, 나머지 2억 7천만 엔은 은행에서 빌린다. 그렇지 않으면 어음을 발행하거나 외상으로 물건을 들여와 남겨서 갚아야 한다.

계획대로 사업이 진행되면 좋지만 조금이라도 계획에서 벗어나면, 2억 7천만 엔을 갚기 어려워진다. 이자가 붙고, 나쁜 평판이 조금이라도 들리면 은행이 금세 돈을 갚으라고 한다. 그래서 빚으로부터 벗어나지 못하는 회사가 얼마나 많은지 모른다.

다음에 새롭게 사업을 시작하려고 해도 그 2억 7천만 엔을 완전히 갚지 않으면 은행은 상대해주지 않는다. 한 번 실패한 사람이 다시 사업을 시작한다는 것은 있을 수 없는 일이다.

하지만 미국은 사업에 실패한 것도 경험으로 인정해서 좋은 비즈니스 모델에는 투자하는 사람이 있다. 그런 점에서 일본은 벤처를 키우기가 어려운 곳이다.

성공도 실패도 모두 자기 책임으로 가능하다. 그것이 회사라는 것이다

이 책 처음 부분에 쓴 말이다.

'회사를 시작하겠다'는 사람이 찾아오면, 나는 "나쁜 말 안할 테니까 돌아가시오."라고 말한다고. 그런 일이 실제로 몇 번이나 있었다.

그렇지만 그렇게 말하면서도 나는 호리바제작소를 만들어서 정말 잘 해왔다고 생각한다. 출자해준 돈도, 일해주는 사람들도 모두 내 책임 아래 오늘까지 별 탈 없이 지내왔다.

때때로 그 책임이라는 것에 눌려 숨이 막힐 것 같았지만, 나름대로 큰일을 해왔다. 나 자신의 인생을 호리바제작소와 함께 해왔다고 자신있게 말할 수 있다.

괴로운 일도 태산처럼 많았지만, 사원과 얼싸안고 기뻐했던 일도 여러 번 있었다. 상장했을 때도 그랬고, 無부채경영을 실현했을 때도 그랬다. 그리고 일본 국내보다 해외 수요가 많은 기업이 되고 싶다는 소망을 계속 간직해, 그것이 현실로 이루어졌을 때도 그랬다.

이렇게 되고 싶어, 이렇게 하고 싶어 하는 것을 자기 손으로 직접 실현했기에 성공도 실패도 결국 자신의 힘으로 할 수 있게 된 것이다.

회사는 경영자에게 그런 존재다.

그렇기 때문에 용기를 갖고, 회사를 만들어 성장시켜나가려는 사람이 있다면 진심으로 응원하고 싶다.

■ CEO가 알아야 할 5가지 명제

1. 사업 단순화는 선택이 아닌 필수이다 — 어떠한 사업에 역량을 집중해야 할까? CEO가 항상 고민하지만 쉽게 결단을 내리지 못하는 것이다. 사업의 리스트럭처링은 21세기 생존 조건의 하나이지, 선택 사항은 아니다. 중요한 것은 사업영역을 단순화시키겠다는 CEO의 마인드이다.

2. 관리 패턴을 바꾸어 코스트를 줄여라 — 줄일 만큼 줄였는데, 이번엔 어떤 부문의 코스트를 줄여야 할까? CEO는 가격 경쟁력 확보를 위해 코스트 구조를 유심히 살핀다. 코스트 절감을 통한 가격 우위는 기업 경쟁력 확보의 원천이 된다.

3. 수익 창출을 위해 진정한 사업가로 변신하라 — 언제 투자를 해야 할까? CEO가 항상 고민하고, 회의를 소집하지만 투자 타이밍을 놓치기가 일쑤이다. 기업의 성장 여부는 시장을 조망할 수 있는 식견, 자기 확신, 투명하고 단호한 의사결정, 조직 전체를 한 방향으로 집중시킬 수 있는 CEO의 리더십에 달려 있다.

4. 정보기술을 경쟁우위의 원천으로 생각하라 — 몇 백 억의 IT 투자를 통해 과연 무엇을 얻을 수 있을까? CEO가 진정으로 IT 시스템 구축을 통해 경쟁력을 확보하고자 한다면, IT 투자를 통해 시장우위를 어떻게 확보할 수 있는지, IT의 역할과 효과는 무엇인지, 나름대로의 의사결정 및 관리 모델을 통해 체계적으로 접근해야 한다.

5. 새로운 비전에 맞게 조직을 변혁하라 — 21세기를 맞이하는 새로운 비전은 CEO가 일방적으로 교화하는 수준이 되어서는 곤란하다. 전 임직원의 커뮤니케이션 장이 되어야 하며 이러한 과정을 통해 설정된 비전만이 새로운 조직에도 쉽게 체화된다. CEO는 자신과 기업의 가치를 높이기 위해서 미래 기업의 전략가로서 거듭 태어나야 한다.

주간경제 · 박문수 연구원

Chapter 3
정리를 대신하며

100점 만점의 경영자를 지향할 필요까지는 없다.
그렇지만 이것만은 절대 양보할 수 없다는 것은
누구에게나 있을 것이다.
미래의 경영자들에게 14가지 조언을 선물하고 싶다.

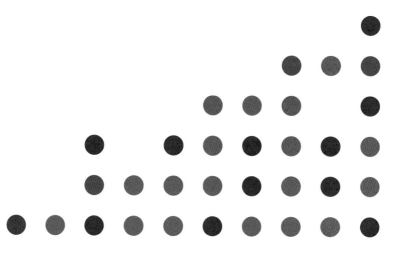

:경영자가 되려는 사람에게
선사하는 14개조

경영자로서 이것만은 양보하고 싶지 않다고 생각해왔다

앞에서 말한 것처럼 나는 원래 원자물리학으로 입신출세하려고 했던 사람이다. 그런데 핵실험시설을 전부 부순다는 미국의 방침에 의해 교토대학 아라카츠분사쿠교실(荒勝文策敎室,) - 교토대학의 물리학 교수인 아라카츠분사쿠의 연구실의 사이크로트론(입자가속장치) - 이 파괴되고 말았다.

그것이 내가 경영자가 되는 기점이라고 할 만한 사건이었다. 생각하는 대로 실험할 수 없어서 망설인 끝에 개인 연구실을 만들었다.

1945년 10월27일, 카라스마고조(烏丸伍條)에서 50미터 떨어진 민가를 빌렸다. 거기에 '호리바무선연구소'라는 간판을 달았다.

이후 50년 간 줄곧 나는 경영에 종사해왔다. 솔직히 말해 실패투성이, 망설임투성이의 반세기였다고 생각한다. 그렇지만 실패하고 큰일을 겪으면서 하나씩 배워나갔다.

같은 실패를 두 번 반복하지 않기 위해 어떻게 하면 좋을까 필사적으로 연구했다. 그런 게 있었기 때문에 단순한 기술밖에 모르던 회사가 도쿄 증권시장 1부에 상장까지 하게 되었다.

현재 나는 사장자리를 자식에게 물려주고, 기업경영에서 한 발 물러난 상태이지만, 최후까지 100점 만점의 경영자와는 거리가 먼 사람이었다.

그러나 그러는 동안 경영자는 '무엇을 하면 좋을까' '뭘 하면 안 될까' 하는 것이 어렴풋이 보이기 시작했다.

그리고 실패로 얻은 교훈을 잊지 않고 계속 지켜나가는 것으로, 경영 재능 따위는 전혀 없었던 나도 50년 간 어떻게든 회사를 무너뜨리지 않고 여기까지 올 수 있었던 것이다.

이 책의 독자 여러분에게 나는 경영자로서 언제나 '이것만은 양보해서는 안 된다'고 생각한 14개조를 선물하고 싶다.

결점투성이인 나는 도저히 될 수 없었지만, 단 한 군데 결점도 없는 훌륭한 경영자의 길을 여러분은 반드시 걷기를 진심으로 바란다.

1 자신의 신념, 가치관을 명확히 가져라

뭘 위해 회사를 만들었는가? 자기가 만든 회사에 의해 무엇을 실현하고 싶은가? 자신이 만든 회사는 사회적으로 어떤 존재를 지향하는가?

그것을 명확히 하지 않을 때, 회사는 단순한 돈 벌기의 도구가 되어버린다. 회사를 커다란 꿈과 목표를 실현하기 위한 수단으로 생각했으면 좋겠다.

회사를 시작하려고 할 때는 '왠지 할 수 있을 것 같으니까'라든가 '돈을 벌 수 있을 것 같아서'와 같은 애매한 동기가 아니라, 어떤 목적을 달성하기 위해 만들었는지 가능하면 크게 써서 벽에 붙여놓을 정도의 마음가짐이 필요하다.

2 자신의 가치관을 상대에게 이해시켜라

한 사람으로 회사는 안 된다. 공동 경영자나 출자자, 사원이라는 협력자가 있어서 비로소 성립되는 게 회사다. 이 경우에도 돈 벌기만으로 맺어진 협력자는 회사가 기울어지는 순간, 손바닥 뒤집듯이 돌아서버린다.

그에 비해 당신의 신념이나 꿈에 반해서 협력하려고 하는 사람은 여간한 어려움을 겪어도 따라올 것이다. 그래서 협력자를 구할 때는 당신의 꿈을 이야기해야 한다. 가능한 것, 할 수 없는 것, 생애를 걸고라도 해보고 싶은 것, 솔직하게 그리고 가능하면 정확한 단어로 전했을 때 당신 회사는 무엇보다 소중하고 귀중한 협력자를 얻을 수 있다.

3 가치관을 부수는 것이 있다면 철저하게 싸워라

회사를 존속시킨다고 하는 것, 그것은 끊이지 않는 타협의 연속이다. 자기 잣대로 꿈을 펼치는 것만으로는 회사가 살아남을 수 없다.

엄연한 사실이다.

그렇지만 회사를 존속시키기 위해서라면 어떤 일이든 타협해도 좋을까? 그렇지는 않다.

세상에 공헌하고 싶다는 꿈을 갖고 만들었는데 회사를 유지하기 위해 부정행위를 해야 하는 것처럼 슬픈 딜레마가 세상에는 많다.

또한 물건 만들기를 좋아해서 만든 회사가 시장의 변화에 의해 제조 부문에서 철수하는 것처럼, 본업이 어느 사이엔가 바뀌고 마는 경우도 자주 있다.

그렇게 되지 않기 위해서는 '여기까지는 타협할 수 있고, 여기부터는 한 발도 못 물러서', '무슨 일이 있어도 이것은 계속 지킨다'는 선을 마음에 그려놓고 경영해야 한다.

4 모든 면에서 가치관을 중요하게 여겨라

어떤 사람이라도 회사를 만드는 출발점에서는 빛나는 눈동자를 갖고 있다. 전에 했던 일의 경험에서 '이런 회사를 만들고 싶어' '이런 경영자가 되고 싶어' 하고 힘주어 하고 싶은 말이 있게 마련이다.

그렇지만 그런 생각도 막상 기업을 경영하다 보면 예상치 못한 여러 가지 문제에 부딪혀 서서히 풍화되게 마련이다.

그렇지만 경영자가 되려는 사람이라면 어떤 어려움이 닥치더라도 초지일관해야 한다. 당신의 가치관을 기업경영 곳곳에 반영해야 한다. 기술자가 제품을 만드는 자리에서도, 영업자가 거래처와 교섭하는 자리에서도 경영자의 가치관은 무엇보다 중요하다.

그렇기 때문에 회사를 운영하는 데 기본이 되는 가치관을 알기 쉬운 단어로 바꾸어서 언제든 눈에 쉽게 띄는 곳에 두면 좋다. 그것은 매일 아침 모두 목소리를 맞춰 합창해야 할 만큼 소중한 것이다.

5 약속은 반드시 지켜라

회사를 경영하는 사람은 거짓말하고 싶은 유혹과 끊임없이 싸워야 한다. '돈은 언제 지불한다' '언제까지 납품한다' '월급은 이만큼 준다' 등의 말은 일을 순탄하게 해준다.

그렇지만 그 말을 실천하지 못했을 때, 그 대가는 반드시 자신에게 되돌아온다. '부정직한 경영자'라는 평가가 당신에게 얼마나 깊은 상처를 입히는지 생각하기 바란다.

한 번 입에서 내뱉은 말은 결코 주워담을 수 없다.

혹시라도 입에 담은 말은(가령 자신이 없어도) 반드시 지켜야 한다. 혹시 못 지킬 때에는 반드시 사과한다. 변명을 하거나 남의 탓으로 돌릴수록 당신의 평가는 땅에 떨어진다.

6 기업의 사유화는 생각하지 말라

혼자 만든 회사라도 사원을 한 사람이라도 채용하면 공기(公器)가 된다. 단 한 주라도 주식을 양도한 순간 회사는 공기가 된다. 하물며 상장기업의 경우 그 공명정대성은 법률로 엄격하게 지켜진다. 그걸 깨는 것은 범죄행위다.

한편 경영자는 회사의 최종 결정자인 만큼 회사를 개인 소유화하는 것이 별로 어렵지 않은 구조로 되어있다. 자신이 사용한 영수증에 자신이 결제 도장을 찍으면 개인적으로 구입한 식비도 회사비용이 된다. 냉장고의 과일을 조금 떼어먹어보는 정도의 양심 가책으로 소규모의 횡령은 언제든지 가능하다.

그렇지만 과연 괜찮을까? 당신을 믿고 출자한 주주나 당신을 믿고 일하는 종업원을 배반하는 것이 아닐까? 사유화하기 쉽기 때문에 오히려 사유화해서는 안 되는 것이다. 그런 철저한 결벽증을 경영자에게 기대하고 싶다.

7 언제나 공정한 판단에 마음 써라

회사 안에서 경영자라는 존재는 대단한 힘을 갖고 있다. 폭군으로 군림하는 것도 어렵지 않다. 능력 없는 간신, 아첨쟁이들을 중용할 수도 있다. 그런 당신의 정신 나간 판단 때문에 남한테 쓸데없는 원한을 사게 된다.

그리고 거기에만 그치는 게 아니다. 회사 전체가 힘을 잃게 된다는 사실을 잊지 말아야 한다. 능력 없는 사람을 측근에 등용하는 것은 경영판단을 둔하게 한다. 폭군으로서 합당치 않은 태도를 취하는 것은 회사로서의 단결력을 잃게 한다.

회사가 존망의 위기를 맞았을 때 살아남을 수 있을까.

그 분기점은 여기에 있다. 당신의 회사가 건전한 이익을 올릴 수 없게 되었다면 당신 자신의 지위도 위기를 맞게 된다.

공정하게 판단하는 것은 다른 누구를 위해서가 아니다. 경영자인 당신을 위해서다.

8 사람에게 공감을 불러일으키는 사고를 하라

아무리 머리가 좋다고 해도, 아무리 훌륭한 기술을 갖고 있다고 해도 사람을 멀리 하는 신선은 회사를 경영할 수 없다. 왜냐하면 기업경영은 사람을 설득하여 공감을 얻는 것의 연속이니까.

아인슈타인 같은 두뇌를 갖고 있는 사람일지라도 그 사람의 말을 보통사람이 이해할 수 없다면, 아무도 당신 회사에 출자하지 않을 것이고, 당신 회사 상품을 사주지도 않을 것이다.

바꿔 말하면 기업경영은 독선적이어서는 안 된다. 인간은 누구나 사업이 잘 되지 않을 때 '세상 사람들이 모두 멍청이들 투성이라서'라는 생각에 젖게 마련이다.

그렇지만, 경영자라면 그런 발상을 하는 것 자체가 이미 경영자로서 자격이 없다.

이해시키려는 노력, 공감을 얻으려는 노력에 마음을 기울이는 것이 경영자로서 고난을 뛰어넘을 수 있는 힘을 낳는 것이다.

9 함께 있으면 즐거운 사람이 돼라

경영자는 이런저런 의미에서 회사의 상징적인 존재이고, 무드 메이커이기도 하다.

따라서 언제나 벌레를 씹은 것같이, 웃지 않는 그늘진 얼굴을 한 사람이 경영자 자리에 있으면 회사 전체가 어두운 분위기에 싸여버린다. 이러한 분위기에서는 사원들도 의욕적으로 일하기 힘들다.

반대로 개방적인 성격으로 누구에게라도 마음을 열어 즐겁게 해주는 커뮤니케이션 기술을 갖고 있는 인물이 회사의 최고경영자로 있으면, 남의 마음을 밝게 해주는 개방적인 사풍이 생길 것이다.

'사장은 사원한테 명령만 한다'는 사고방식은 먼 과거의 이야기다. 회사가 발전하려면 경영자부터 이런 사고에서 하루빨리 벗어나야 한다. 경영자는 이제 더 이상 사원 위에 군림하는 존재가 아니다.

경영자는 사원, 주주 그리고 사외 사람들에게 행복한 기분을 선물할 의무가 있다.

10 결단은 스피디하게 하라

경영이란 오른쪽인지 왼쪽인지 판단하는 일의 연속이다. 어느 쪽이 반드시 옳다는 법은 없다. 한 치 앞도 보이지 않는 안개 속에서 어느 쪽이 낭떠러지인지 판단해야만 한다.

물론 그것은 무모해서는 안 되고, 사내 멤버나 전문가의 의견을 수렴한 후에 판단해야 한다. 하지만, 간혹 참고할 만한 것이 하나도 없는 상황에서 오른쪽인지 왼쪽인지 결정해야 하는 처지에 놓이는 경우도 있다.

그렇지만 판단을 주저한다면, 지체하는 만큼 문제가 복잡해져서 해결이 늦어진다. 따라서 결단을 내릴 때는 두려워해서는 안된다.

또 한 가지 중요한 것은 평소부터 기업의 행방을 시뮬레이션해 두어야 한다. 그를 위해 '이런 사태에 빠진다면'→'이렇게 한다'고 순서를 정해두면 갑작스런 일에 놀라서 허둥지둥 어쩔 줄 몰라 하는 일은 없어질 것이다.

11 언제까지나 속에 담아두지 말라

기억력이 좋다는 것은 경영자에게 꼭 필요한 능력 중 하나다. 그렇지만 다른 한편 잊어버리는 것도 필요하다. 사업에 실패하거나 거래처에서 받은 굴욕 등은 한시라도 빨리 잊는 것이 좋다.

만약 어떤 회사로부터 배반당해 '저런 회사와는 거래하지 않겠다'고 생각한 것이 몇 년이고 계속되면 당신과 당신 회사의 폭은 좁아진다. 그리고 굴욕을 받은 회사와 거래를 안 하는 것이, 당신 회사의 이익에 크게 손해를 끼치는 결과가 되기도 한다.

분한 마음은 경영자에게 커다란 에너지원이 된다.

말할 필요 없이 나에게도 절대로 용서하지 못한다는 상대가 있다. 그렇지만 그런 분한 마음을 마이너스 에너지로 쓸 것이 아니라, 회사를 성장시키기 위한 힘으로 변화시켜야 한다.

12 일은 자기 인생의 목적에 직결되도록 생각하라

인간은 일을 중심으로 살아야 할까? 가정과 여가를 소중히 해야 할까? 영원히 답이 나오지 않는 문제다.

그렇지만 일단 회사를 만들어, 사원의 생활과 주주의 자금을 맡고 있는 이상, 일을 선택해야 하지 않을까.

사원의 생활, 주주의 자금 그리고 소비자에 대해 책임질 수 없는 경영자는 인간으로서도 실격이란 말을 들어도 어쩔 수 없다. 경영자는 목숨을 걸고서라도 회사를 지켜나가야 하니까!

회사를 만든 순간, 회사는 당신의 인생 자체가 된다. 그렇다면 거기에서 도망칠 수는 없다. 놀고 있어도 자고 있어도 머릿속으로는 회사 일을 생각하게 된다. 그게 당연한 것이다.

왜냐하면 회사를 통해 당신은 인생의 목적을 달성하는 것이니까!

13 사업 성공 확률을 높이기 위해서라면 모든 노력을 다하라

기업경영은 불확실한 요소로 가득 차 있다. 능력 있는 경영자가 아무리 주도면밀하게 경영해도, 뜻하지 않은 요인으로 모두 허사가 될 수도 있다.

극단적인 예로 전쟁이 일어나거나 천재지변이 발생해 그동안 쌓아놓은 것들이 하루 아침에 무너지기도 한다.

또한 경제동향을 정확히 예측하지 못해 엄청난 타격을 받기도 한다. 그렇다고 기업경영을 도박하듯 해도 괜찮다는 것은 아니다.

경제동향을 100% 예측하는 것은 불가능하지만, 시장 정보나 경합 정보를 철저하게 수집하고, 다 함께 머리를 모아 분석한 자료를 기업경영의 밑바탕으로 삼는다면 80%까지는 예측할 수 있다.

수많은 시행착오를 겪고 난관을 헤쳐나간 후에야 비로소 탄탄한 기업으로 자리잡을 수 있다. 기업경영에 실패한 경영자는 흔히 '운이 나빴다'고 말하는데, 철저히 준비하지 않은 경우가 실제로 많다.

14 세상 보는 눈이 높은 경영자가 돼라

회사는 자신의 분신 같은 것이다. 따라서 객관적으로 보는 것은 아주 어렵다. 호조일 때는 세계 시장을 제패하는 것도 가능하다고 생각한다.

그렇지만 그런 일은 쉽지 않고, 편협하게 판단하는 경영자는 언젠가 좌절하고 만다.

그렇기 때문에 경영자가 자기 회사를 볼 때는 사장실에 앉아서 언제나 똑같은 관점으로 보는 것이 아니라, 좀더 높은 데서 객관적으로 볼 필요가 있다.

그러기 위해서는 정보를 모아두고, 자기 업종에 관계 없는 것이라도 경제 정보에는 언제나 눈과 귀를 열어두고, 귀중한 정보를 주는 친구를 한 사람이라도 더 곁에 두어야 한다.

그래서 언제라도 '우리 회사는 이대로 괜찮은가?'라고 자신에게 묻고, 더 좋은 경영을 실현하기 위해서는 어떻게 하면 좋을까 연구해야 한다.

그렇게 해서 좀더 높은 시점에서 회사와 시장을 볼 수 있게 되면, 탑 꼭대기에서 마을을 보는 사람이 누구보다 먼저 홍수에 대비할 수 있듯이, 시장이 움직일 때, 여러 가지 위기가 닥쳤을 때, 누구보다 빨리 대응할 수 있게 된다.

역자의 말

벤처가 필요한 시대,
벤처정신이 없는 나라.

벤처가 필요한 시대, 벤처정신이 없는 나라

　실업률 5% 시대에 접어든 일본은 역대 총리 중 가장 인기 있는 고이즈미를 중심으로, 실업률이 더 이상 악화되지 않게 하기 위한 '고용회의'라는 임시국회를 여는 등 부산하다. 마쓰시타, 도시바, 히타치와 같은 대재벌도 종업원 10% 이상의 대규모 감축을 발표하는 등 일본 열도는 장기전에 돌입한 불경기에서 탈출하기 위해 몸부림치고 있다.

　일본에서의 실업자는 우리나라와는 좀 다른 의미를 가지고 있는 듯하다. 평생고용제가 거품경제 이후 흔들리고 있다고 하지만, 아직도 60%의 직장인들은 현재 다니는 회사에서 정년까지 일할 생각이라고 한다. 그래서 일본에서의 실업은 삶의 터전인 집을 잃는 것만큼 커다란 위기를 뜻한다.

　한편, 일본사회를 말할 때, 연예인의 담배꽁초부터 커다란 기차 수집까지 두터운 마니아 층(오타쿠)이 곳곳에서 활약하고 있는 사실을 얘기하곤 한다. 또한, 명문대 출신의 일류기업 회사원이 아버지가 운영하는 라면가게의 대를 이어받는 것처럼 가업을 잇는 장인정신을 일본사회의 특징으로 꼽기도 한다.

　그런데, 지금 일본은 안정적이던 사회가 뿌리째 뒤흔들리는 근본적인 위기에 처해 있다. 바닥을 모른 채 곤두박질치는 경기를 회복시키기 위해, 2년 전 오부치 수상은 전 국민에게 지역진흥상품권을 2만 엔씩 배부했다. 그러나 기대 이하의 효과로 경기부진은 계속되었다. 또한, 놀기 좋아하는 모리 수상도 뜻도 모르는 IT를 잠꼬대처럼 떠벌이고 다녔지만, 이 역시 일본 경제를 장기 불황의 늪에서 건져내지 못했다.

그리고 현재 국민 지지도 90%를 자랑하는 고이즈미 수상은 구조개혁을 목이 쉬도록 외치고 있다. 침체된 일본 경제는 일시적인 문제가 아니라, 고질병임을 인정한 셈이다. 붕괴일변으로 치닫고 있는 일본의 가치를 되살리기 위해, 우익이 서서히 본성을 드러내는 등 중대한 전환의 국면에 처해 있다고 할 수 있다.

그럼에도 불구하고, 일본은 모험을 하지 않는다. 도전하지 않고 있다. 정경분리란 단지 청탁과 비리의 근절을 뜻하지, 사실 경제는 정치로부터자유롭지 못하다. 도리어, 정치를 흉내낸다. 종신형 고용은 종신형 정치의 복사판이다. 계파 정치의 뿌리 역시 집안 정치의 또 다른 얼굴일 뿐이다. 이처럼 일본은 아직 집을 포기하지 못하고 있다. 집이 없어졌는데도 불구하고, 집터 근처를 맴도는 그들 특유의 고집과 끈기를 애처롭게 보여주고 있다.

나는 일본 거리에 넘쳐나는 주인 없는 고양이를 보면서 '일본인들을 참 닮았구나!'라고 생각하곤 한다. 고양이는 개와 달리 주인을 따르는 것이 아니라, 터를 고집하는 속성이 있다. 그 자리에 꼭 자신이 있어야 한다는 생각이 얼마나 위태로운지 깨달아야 한다.

벤처는 실패를 두려워하지 않는 도전이며, 새로운 영역을 개척하는 모험이다. 실패를 줄이기 위한 사전 준비가 치밀한 점에서 무모한 도전과 다르며, 사회와 인류에게 도움이 되는 분야를 헤쳐나간다는 점에서 만용에 가까운 객기와도 다르다.

일본사회는 지금 고이즈미의 인기만을 믿고 계획도 없이 구호뿐인 개혁을 향해 돌진하는 무모한 도전을 하고 있다. 세계로부터 비난을 받으면서도 우익의 편에서 고질병을 치료하려는 객기를 부리고 있다.

이 책은 일본의 근본을 뒤집는 책이다. 일본에서 벤처가 큰 소리를 내지 못하고, 크게 활성화되지 못하는 것은 바로 일본사회의 고질적인 체질 때문이다. 그런 일본 사회가 근본을 위협받고, 의심받고 있다. 변해야 산다는 원칙에는 동의하면서 좀처럼 움직이지 않고 있다. 미련이 강한 민족이라서, 아니면 고집이 센 나라이기 때문에? 글쎄, 분명한 것은 벤처가 필요한 시대에 사회와 역사를 진보로 이끄는 벤처정신을 키우는 것이 무엇보다도 필요하지 않을까 싶다. 거꾸로 가는 사회, 거품뿐인 시대, 그 마지막 처방은 무엇일까?

은미경

일 잘하는 사람 일 못하는사람2
경영자편

1판 1쇄 발행 | 2001년 9월 8일
2판 1쇄 발행 | 2024년 2월 26일

지은이 | 호리바 마사오
옮긴이 | 은미경
펴낸이 | ㈜페이퍼존
펴낸곳 | 오늘의책
마케팅 | 박철우

주소 | 경기도 고양시 일산서구 덕산로 107번길 68-42
전화 | 070)7729-8941
팩스 | 031)932-8948
전자우편 | tobooks@naver.com
출판등록 | 1996년 5월 25일 (제10-1293호)
ISBN | 9788977183896